***ACCESO GRATIS** a la Lectura en la Nube*

Para visualizar el libro electrónico en la nube de lectura envíe junto a su nombre y apellidos una fotografía del código de barras situado en la contraportada del libro y otra del ticket de compra a la dirección:

ebooktirant@tirant.com

En un máximo de 72 horas laborales le enviaremos el código de acceso con sus instrucciones.

La visualización del libro en **NUBE DE LECTURA** excluye los usos bibliotecarios y públicos que puedan poner el archivo electrónico a disposición de una comunidad de lectores. Se permite tan solo un uso individual y privado

GUÍA DE PROPIEDAD INTELECTUAL PARA EMPRENDEDORES

Procedimiento de selección de originales, ver página web:
www.tirant.net/index.php/editorial/procedimiento-de-seleccion-de-originales

GUÍA DE PROPIEDAD INTELECTUAL PARA EMPRENDEDORES

FRANCISCO ADRIÁN BECERRIL PUGA

tirant lo blanch
Ciudad de México, 2024

En caso de erratas y actualizaciones, la Editorial Tirant lo Blanch México publicará la pertinente corrección en la página web www.tirant.com/mex/

Este libro será publicado y distribuido internacionalmente en todos los países donde la Editorial Tirant lo Blanch esté presente.

© EDITA: TIRANT LO BLANCH
DISTRIBUYE: TIRANT LO BLANCH MÉXICO
Av. Tamaulipas 150, Oficina 502
Hipódromo, Cuauhtémoc
CP 06100, Ciudad de México
Telf: +52 1 55 65502317
infomex@tirant.com
www.tirant.com/mex/
www.tirant.es
ISBN: 978-84-1197-916-0
MAQUETA: Disset Ediciones

Si tiene alguna queja o sugerencia, envíenos un mail a: atencioncliente@tirant.com. En caso de no ser atendida su sugerencia, por favor, lea en www.tirant.net/index.php/empresa/politicas-de-empresa nuestro procedimiento de quejas.

Responsabilidad Social Corporativa: http://www.tirant.net/Docs/RSCTirant.pdf

La presente obra está dedicada con mucho cariño a mi hija Elizabeth Lucía Becerril Álvaro, porque ella es mi motivación en esta vida, quien ha hecho de mí una mejor persona.

A mi hermoso estado Nuevo León, me vio nacer, en el aprendí y me desarrollé, tierra de héroes, nunca se debe olvidar de dónde venimos, y no debemos quitar la vista de hacia dónde vamos.

A mi esposa Blanca Álvaro, quien me apoyó y alentó para continuar, cuando parecía que me iba a rendir, sus palabras y confianza fueron el motor para seguir adelante, y a todas aquellas personas que, de una u otra manera contribuyeron para el logro de este proyecto.

Índice

Introducción

La Propiedad Intelectual es todo aquello que es creado a través del pensamiento humano, en particular es salvaguardar sus creaciones, de esta forma, se refiere al derecho de la persona creadora de disfrutar de los beneficios de su obra, ya sea artística o de cualquier otra índole; que, a su vez, se divide en dos ramas: la Propiedad Industrial y el Derecho de Autor. En la primera quedan comprendidas figuras como patentes, marcas, diseños industriales, modelos de utilidad, avisos comerciales, secretos industriales, nombres comerciales, entre otros, a su vez, el Derecho de Autor protege las creaciones literarias y artísticas, entre las que se encuentran los dibujos, software, música, pintura, escultura, fotografía, obras cinematográficas, etc.

Ahora bien, por lo que respecta a la Propiedad Industrial, en la mayoría de los casos se requiere de un título o registro expedido por el Instituto Mexicano de la Propiedad Industrial para poder utilizar la invención o el signo distintivo de que se trate, tal es el caso de las patentes y las marcas; mientras tanto, el Derecho de Autor se otorga a las obras desde que son fijadas en un soporte material, sin necesidad de obtener un título o registro; no obstante, siempre será recomendable registrar la obra, u obras, porque con ello se tendrá un documento expedido por una autoridad gubernamental, es decir, el Instituto Nacional del Derecho de Autor.

La idea de este libro es que cualquier persona, que sea ajena al mundo de la Propiedad Intelectual, pueda entender su importancia y pueda llevar a cabo su registro, pues, aunque se tengan los medios para contratar a un profesionista o acudir a una orientación de la propia autoridad, no siempre nos llevamos toda la información o bien, no entendemos del todo los pasos y procesos de registro. Comprender lo que establece la ley y la mecánica de los procesos, brindará mayor tranquilidad, ya sea al emprendedor, inventor y empresario, para garantizar la protección de sus creaciones, así como su comercialización.

Es necesario informar a toda persona emprendedora que no basta con solo crear su empresa con un producto y/o servicio único y distinto en el mercado y por ello se tenga asegurado muchos compradores y a su vez múltiples ventas, si no que el siguiente paso es obtener un reconocimiento y protección legal en todo el territorio nacional de su marca, con el fin de exigir a las autoridades pertinentes multar y protegernos de a aquellos competidores desleales en el mercado. Se busca proporcionar la suficiente información a todo empresario mexicano que tenga la visión de éxito ya sea a nivel local, nivel nacional y nivel global, que para alcanzar sus objetivos es necesario que tenga la cultura de proteger su Propiedad Intelectual.

Una vez expuesto lo anterior y para un mayor entendimiento se desprenden algunos temas relevantes como la importancia de la Propiedad Intelectual, las divisiones que tiene, la Propiedad Industrial y lo que engloba. Esperando que este libro, cumpla con las expectativas del lector, dando una visión intrínseca de las marcas y derechos de autor.

Capítulo 1

La Propiedad Intelectual y su importancia

Quiero abrir este primer capítulo con una de las tantas experiencias que he tenido en el mundo de la Propiedad Intelectual, pues en las múltiples recomendaciones que se hacen, esto con el fin de proteger tu Propiedad Intelectual y quiero contarte este caso en particular, pues era sobre un registro de marca, pues, al comentarle al emprendedor el ¿tienes registrada tu marca? Agregue, alguien más puede venir a registrarla y en ese aspecto Él fue tajante al decir que, "No me importa si un tercero llegar a registrar mi nombre o diseño, al cabo puedo poner otro nombre y otro diseño a mi local y puedo seguir trabajando; es decir, a él no le interesa salvaguardar algo a lo que le ha añadido valor y al que sus clientes lo han identificado, pues las personas se casan con la marca, ya tienen esa asociación de idea; mi reacción a esta respuesta, fue simplemente agradecerle que me haya escuchado y me retire y yo me preguntaba, ¿por qué no se le da importancia a una marca?, ¿acaso tan poco valor tiene la Propiedad Intelectual?, y mi conclusión fue, se necesita cultura de Propiedad Intelectual y esto debe comenzar desde temprana edad, desde nuestra educación secundaria en adelante, sería un cambio trascendental en la sociedad.

Y que postura crees que tomaría Coca-Cola Company referente a la Propiedad Intelectual, ¿perdería clientes Coca-Cola al perder su marca?, el valor de una marca puede llegar a ser algo intangible, esta clase de empresas han invertido mucho en su imagen, en el posicionamiento de su marca y obviamente, todo empieza desde abajo, hoy por hoy son quien son gracias a las decisiones de proteger todo su concepto, ¿no lo crees?, todo está relacionado con la Propiedad Intelectual, por ejemplo:

Propiedad Intelectual	**Medio de Protección**
Fórmula de la Coca-Cola	Secreto industrial
	Marca mixta
	Marca tridimensional
"Coca – Cola Destapa la felicidad"	Aviso Comercial
	Imagen Comercial "Trade Dress"

<table>
<tr><td>
</td><td>Obra literaria</td></tr>
<tr><td>
</td><td>Reserva de derechos – Promoción publicitaria</td></tr>
</table>

En este orden de ideas, protegernos nos brinda la exclusividad de ese logo, nombre o invención, para que nadie más pueda utilizarlo sin previa autorización del titular, con ello empezamos a tener prestigio entre la competencia y marcando una diferencia importante entre los diferentes productos que se ofertan en el mercado.

1.1. LA PROPIEDAD INTELECTUAL EN LA SOCIEDAD

Actualmente, la Propiedad Intelectual es un tema que ha venido cobrando relevancia en 1.1estos últimos años, pues la influencia y delicadeza del mismo, hace que no cualquiera le preste la atención que se le debe, ahora con los llamados "youtubers", "tiktokers", "creadores de contenido", por mencionar algunos, deben tomar en consideración el alcance que tienen y cuánto les importa proteger su contenido; son varios en los que influye esta materia, por poner un ejemplo, si el "youtuber" se encuentra entrevistando a una persona que se ha encontrado en la calle, este transeúnte debe otorgar su consentimiento para utilizar su imagen en la entrevista, ya sea plasmarlo por escrito o mediante un video, de no ser así, si el "youtuber" utiliza su imagen para su contenido, esta persona puede demandarlo por uso de su imagen.

¿Qué alcance tiene la Propiedad Intelectual? protege las creaciones originales literarias, artísticas o científicas, expresadas a través de algún medio o soporte, tangible o intangible, esto con aplicación en el rubro del comercio; asimismo, también se velan por los derechos de los creadores.

1.2. LA INFLUENCIA DE LA PROPIEDAD INTELECTUAL

El resultado de la adopción de la propiedad intelectual en nuestras vidas, en nuestro día a día es al grado de la decisión que tomamos de ir a comprar un auto, una pasta de dientes en el supermercado, la ropa de cierta marca, la escoba que se exprime fácil y rápido, esas decisiones son del esfuerzo intelectual humano que ha manifestado en una expresión creativa que tiene la promesa de una calidad en un producto o servicio.

Es por ello que la distintividad de elementos, hacen a los productos una mejora a la calidad de vida de las personas, y estos elementos son, la iniciativa humana, ingenio, creatividad, inventiva, inspiración repentina, revelación o nueva visión de hechos observados, conocimientos técnicos y sensibilidad estética. Consecuentemente, la creación intelectual es capaz de brindar una solución a un problema técnico con cualidades funcionales, o la creación de algo estéticamente agradable, para satisfacer una necesidad o deseo humano que puede ser útil, social, cultural, mental, espiritual o religioso; pues, son estos elementos que aumentan valor o "calidad de vida".

Cabe resaltar, las grandes compañías como lo son Coca-Cola, Pepsi, L'Oréal, Mattel, Calvin Klein, entre otras, nos bombardean con publicidad en todas partes (anuncios panorámicos, redes sociales, comerciales en la televisión, proyección de películas), en la que sus promesas son la calidad del producto, entretenimiento garantizado, estatus de vida; son este conjunto de acciones que influyen en el consumidor para así adquirir esa marca.

El hecho de estar protegido por propiedad industrial o derechos de autor, en la actualidad es de gran interés por la gran cantidad de competencia que hay en todos los sectores comerciales e industriales; a su vez, estos aumentos de emprendedores en el comercio son afectados regularmente por la piratería.

En otro panorama, en el caso de los escritores, creadores y artistas, así como las compañías que realizan el registro de derechos de autor de todas sus creaciones, visualizan una ganancia económica a corto y mediano plano. Por otro lado, aquellos que no ejercen su facultad de protección, se encuentran vulnerables ante cualquiera que desee aprovecharse de su creación, siendo que este les costó tiempo y esfuerzo en crear y ejecutar.

1.3. SI SOY EMPRENDEDOR ¿CÓMO ME AFECTA LA P.I.?

Inicialmente es conocer a las dependencias gubernamentales que se encargan de proteger la propiedad intelectual o la propiedad industrial, según sea el caso.

En el caso de España, la propiedad intelectual solo se relaciona con los derechos de autor y los derechos conexos, y en México, la Ley Federal de Protección a la Propiedad Industrial y el Instituto Mexicano de la Propiedad Industrial, promueven y protegen la propiedad industrial, es decir, las marcas, nombre comercial, Imagen Comercial (Trade dress), eslogan, denominación de origen, indicación geográfica, patentes, modelo de utilidad y diseño industrial; así bien, en México también se encuentra el Instituto Nacional del Derecho de Autor que protege los derechos de autor.

Si ya iniciaste con tu negocio y ya has decidido a proteger tu trabajo, debes de tramitar tu marca o patente o cualquier otra figura jurídica que sea aplicable en tu caso. Cabe resaltar, el procurar una protección de la propiedad intelectual refleja el profesionalismo con el que se maneja el emprendedor.

A continuación, se muestra en la siguiente figura las ventajas de proteger la Propiedad Intelectual:

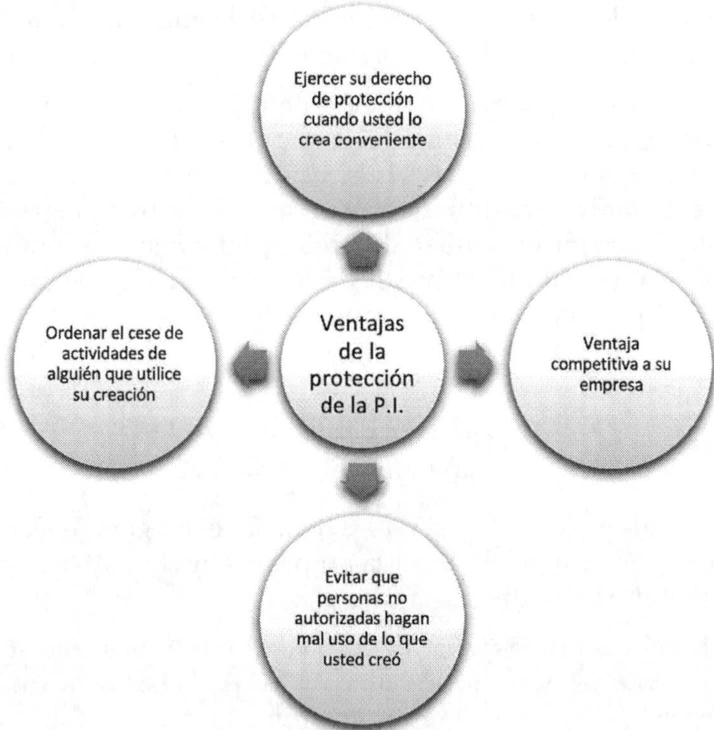

El manejo de tu marca en el mercado es algo muy primordial para que el día de mañana sea tu referente, son muchos los casos en que el emprendedor decide no registrar su marca, ya sea por el costo, tiempo o simplemente porque no tiene interés; esto a la larga, puede tener conflictos, ya sea porque su marca No registrada, invada derechos de terceros o porque al momento de registrar su marca, tenga negativa y este mismo, deba cambiar el nombre o diseño, teniendo como consecuencia que el consumidor tenga confusión por los cambios de la marca.

1.4. LA LIBRE COMPETENCIA ECONÓMICA

¿Qué es la libre competencia? Son las empresas o personas que son libres de entrar o salir de un mercado, libertad para fijar el precio de sus productos para atraer a los consumidores, y son estos últimos, libres de escoger qué productos quieren comprar y en donde se compraran.

-Incentiva a las empresas a innovar y mejorar la calidad de sus productos con el fin de atraer más consumidores.

-Las empresas más competitivas serán capaces de sobresalir en el mercado.

-Los consumidores tendrán mas opciones de precios y habrá mas variedad de productos.

-Los recursos de Gobierno no siempre se asignan de forma eficiente cuando hay libre competencia.

-El costo de los servicios de primera necesidad, no puede dejarse a la oferta y la demanda, porque es una necesidad pública.

Capítulo 2

Algunos organismos encargados de la administración de la Propiedad Intelectual en el mundo

2.1. ¿QUÉ ES EL INSTITUTO MEXICANO DE LA PROPIEDAD INDUSTRIAL (IMPI)?

Es la entidad en México con la autoridad legal para otorgar o rechazar los registros de marcas e invenciones, aparte de ello, vela por los derechos de los usuarios frente a terceros que quieran vulnerar aquellos; a su vez, el IMPI realiza brigadas de promoción de Propiedad Industrial con instituciones públicas y privadas.

2.2. ANTECEDENTES DEL INSTITUTO MEXICANO DE LA PROPIEDAD INDUSTRIAL

En la siguiente imagen se muestra la evolución al paso de los años de la Propiedad Industrial y la creación del IMPI en México:

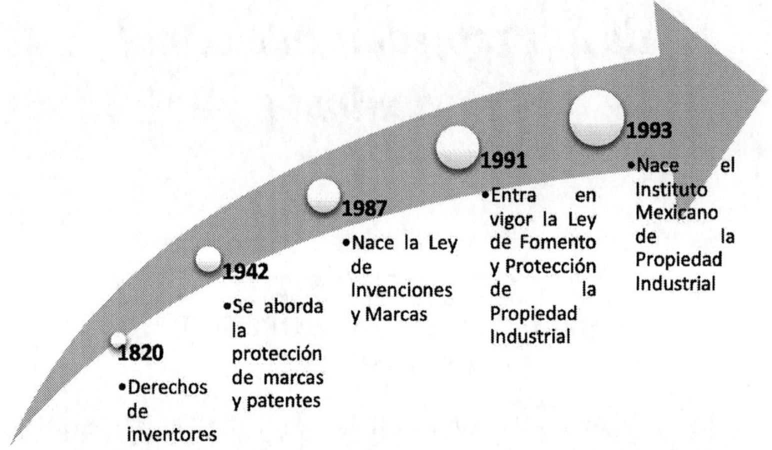

La matriz del IMPI está ubicada en la Ciudad de México, y cuenta con oficinas sedes en distintos estados del país, siendo Nuevo León, Guanajuato, Yucatán, Jalisco y Puebla, por lo que se pueden realizar los trámites en cualquiera de esas sedes, así bien, a raíz de la pandemia que inicio en el año 2019, los trámites en línea tomaron mayor relevancia, aunque si no estás cerca de alguna oficina sede, puedes presentar la documentación directamente en las Delegaciones o Subdelegaciones de la Secretaria de Economía.

2.3. ¿QUÉ PAPEL JUEGA LA OMPI EN LA PROPIEDAD INTELECTUAL?

La Organización Mundial de la Propiedad Intelectual (OMPI) o WIPO por sus siglas en inglés, es un organismo que emana de las Naciones Unidas, enfocado en proteger la Propiedad Intelectual, aunque solo brinda la asistencia a los países miembro. Hoy en día, forman parte 193 países.

Ahora bien, es la OMPI quién da apoyo para la negociación, consejos y capacitación para tratados en materia de Propiedad Intelectual en el ámbito internacional.

2.3.1. ¿Cuáles son los Tratados Internacionales que gestiona la OMPI?

Se dividen en 3 categorías, de protección, registro y clasificación; aunque, cabe aclarar que el Convenio de la OMPI rige a todos los demás.

Protección	Tratado de Beijing sobre Interpretaciones y Ejecuciones Audiovisuales
	Convenio de Berna
	Convenio de Bruselas
	Arreglo de Madrid (Indicaciones de procedencia)
	Tratado de Marrakech para las personas con discapacidad visual
	Tratado de Nairobi
	Convenio de París
	Tratado sobre el Derecho de Patentes (PLT)
	Convenio Fonogramas
	Convención de Roma
	Tratado de Singapur sobre el Derecho de Marcas
	Tratado sobre el Derecho de Marcas (TLT)
	Tratado de la OMPI sobre Derecho de Autor (WCT)
	Tratado de la OMPI sobre Interpretación o Ejecución y Fonogramas (WPPT)
	Tratado de Washington

Registro	Tratado de Budapest
	Arreglo de La Haya
	Arreglo de Lisboa
	Arreglo de Madrid (Marcas)
	Protocolo de Madrid
	Tratado de Cooperación en materia de Patentes (PCT)
Clasificación	Arreglo de Locarno
	Arreglo de Niza
	Arreglo de Estrasburgo
	Acuerdo de Viena

2.4. ¿QUIÉN PROTEGE LA P.I. EN EUROPA?

Es la Oficina de Propiedad Intelectual de la Unión Europea (EUIPO) encargada de proteger la Propiedad Intelectual en el llamado viejo continente, si bien es cierto, no posee ningún tratado internacional con México por la zona geográfica que posee, la EUIPO se encuentra enfocada en el mismo objetivo. La EUIPO tiene su sede en Alicante, España, desde su fundación en el año 1994.

La EUIPO junto con sus socios nacionales y regionales de oficinas de propiedad intelectual de la Unión Europea, ha creado herramientas de búsqueda y clasificación, servicios electrónicos para usuarios software de examen y procesamiento y herramientas de aplicación. Es en la Academia de la EUIPO, que se ofrecen seminarios web, materiales de aprendizaje y cursos (Oficina de Propiedad Intelectual de la Unión Europea, 2020).

Asimismo, en el caso de solicitar la protección solo en un Estado miembro de la Unión Europea, es decir, en el que actualmente se desempeña la comercialización del producto y/o servicio, o donde se pretende comercializar, es posible solicitar una marca directamente en la oficina nacional de Propiedad Intelectual correspondiente, teniendo así una protección a nivel nacional. Ahora bien, si se desea que la marca esté protegida en más Estados miembros de la Unión Europea, este puede pedirse ante la EUIPO y tendría una protección a nivel europeo. Iniciado el trámite, recibida la solicitud, la Oficina la comprueba y la tramita, teniendo el registro, puede renovarse indefinidamente cada 10 años. (Oficina de Propiedad Intelectual de la Unión Europea , 2016).

Cabe resaltar, una marca puede usarse en cualquier momento, incluso antes de presentar la solicitud, aunque este uso no garantiza el registro de la misma; por consiguiente, la ley de la Unión Europea en materia de marcas impone al titular de una marca registrada, la obligación de usar la marca de manera efectiva.

¿Qué países son los miembros en la EUIPO?

Alemania, Austria, Bélgica, Bulgaria, Chipre, Dinamarca, Eslovaquia, Eslovenia, España, Estonia, Finlandia, Francia, Grecia, Holanda, Hungría, Irlanda, Italia, Letonia, Lituania, Luxemburgo, Malta, Polonia, Portugal, Reino Unido, República Checa, Rumanía y Suecia.

¿Qué países son los miembros en la Oficina de Propiedad Intelectual del Benelux (BOIP)?

Bélgica, los Países Bajos y Luxemburgo, la solicitud de protección de marca en los tres Estados miembros, este sería a nivel regional.

2.5. LOS TRATADOS INTERNACIONALES SOBRE PROTECCIÓN DE MARCA

En México los registros solicitados ante el IMPI han sido objeto de protección en el ámbito nacional; cabe resaltar, los tratados tienen sus diferentes mecanismos para proteger a la propiedad intelectual en cada país. Así bien, se destaca algunos que a continuación se nombran:

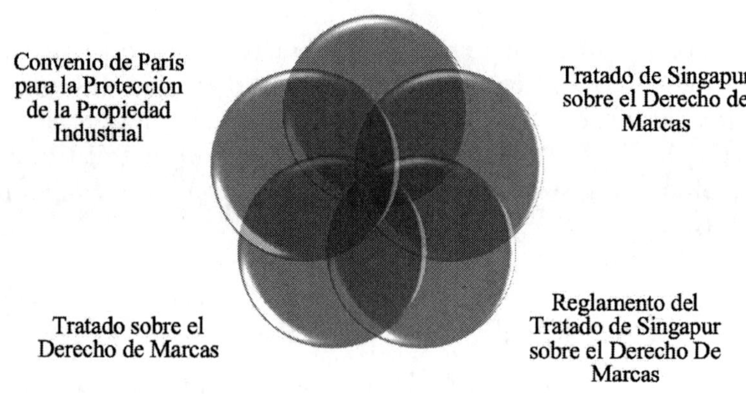

Capítulo 3

División de la Propiedad Intelectual

Para entrar de lleno en la división de la Propiedad Intelectual, primero debemos partir de *¿Qué es la Propiedad Intelectual?* son las creaciones de la mente humana, se refiere al derecho de la persona creadora de disfrutar de los beneficios de su obra, ya sea artística o de cualquier otra índole.

Ahora bien, la Propiedad Intelectual se divide de la siguiente forma:

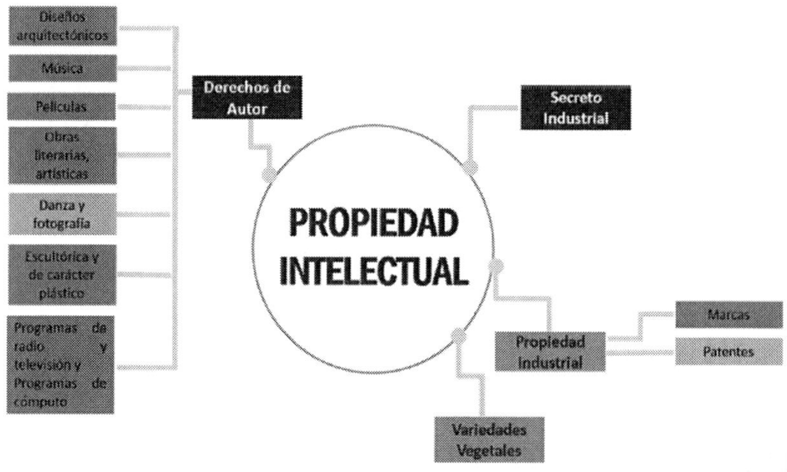

3.1. ¿QUÉ ES EL DERECHO DE AUTOR?

Desde el momento en que alguien crea una obra original, automáticamente pasa a ser titular de los derechos de autor sobre dicha obra, por lo que la ley de la materia establece la siguiente definición, la cual, de acuerdo con el artículo 11 de la Ley, establece que:

> El derecho de autor es el reconocimiento que hace el Estado a favor de todo creador de obras literarias y artísticas previstas en el artículo 13 de esta Ley, en virtud del cual otorga su protección para que el autor goce de prerrogativas y privilegios exclusivos de carácter personal y patrimonial. Los primeros integran el llamado derecho moral y los segundos, el patrimonial (Ley Federal del Derecho de Autor, 2020).
> Se abordará más adelante todo lo que engloba el derecho de autor.

3.2. ¿QUÉ ES LA PROPIEDAD INDUSTRIAL?

Los derechos de Propiedad Industrial son concedidos a personas físicas o jurídicas sobre invenciones, ya sean patentes, modelos de utilidad o diseños industriales, o signos distintivos, que pueden ser marcas, avisos comerciales, etc., es decir, la Propiedad Industrial protege las creaciones de la mente humana con aplicación comercial e industrial; así bien, la Propiedad Industrial en México, se encuentra protegida por el Instituto Mexicano de la Propiedad Industrial (IMPI).

3.2.1 ¿Cuáles son las características de los derechos de Propiedad Industrial?

La Propiedad Industrial en México tiene características importantes de para que sus derechos se encuentren plenamente salvaguardados, mismos que se a continuación se mencionan:

a) Exclusividad	El titular del derecho es el único que podrá utilizar lo protegido.
b) Temporalidad	Los derechos otorgados dentro del país, son únicamente donde pueden ser ejercidos.
c) Territorialidad	Se refiere al tiempo establecido en el que será utilizado dicho derecho.

3.3. EL SECRETO INDUSTRIAL

¿Qué es el secreto industrial?

Es la información valiosa con aplicación comercial, pues no es conocida por el público y solo es manejada por la empresa o emprendedor; como ejemplo de ello es el caso de la fórmula del refresco Coca-Cola y la receta secreta del pollo KFC.

Debemos tomar en cuenta, cada empresa o particular (según sea el caso) debe mantener la información protegida de sus empleados, proveedores y socios.

Los secretos industriales no se registran, se mantienen ocultos y, cabe resaltar, la elección del tipo de protección para cada caso depende de un análisis de la materia a protegerse.

¿En dónde se puede salvaguardar un secreto industrial?

De manera legal, es un contrato de confidencialidad y en medios de almacenamiento, puede constar en documentos, medios electrónicos, usb, discos ópticos, la nube, películas, caja fuerte, entre otros.

Se debe cuidar el secreto para no caer en la no protección que marca la ley en su artículo 164, que a continuación se menciona:

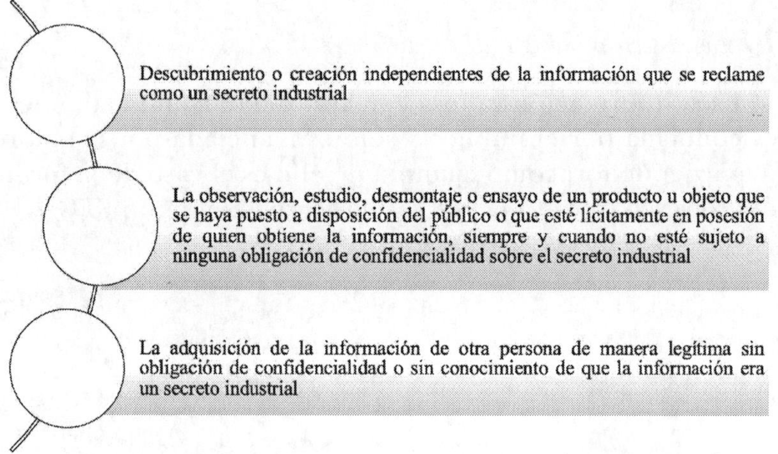

¿Qué es la apropiación indebida y como afecta el secreto industrial?

La apropiación indebida es la adquisición, uso o divulgación, sin el previo consentimiento de su titular de un secreto industrial, teniendo una implicación de competencia desleal el infractor.

3.3.1. El contrato de confidencialidad

El contrato es la parte medular en el secreto industrial, siendo la confidencialidad un punto que debe estar correctamente redactado, pues es ahí donde los conocimientos técnicos, asistencia técnica, know how, deben estar salvaguardados, con el carácter de confidencial.

Asimismo, aquel empleado, socio, inversionista, etc., que por el trabajo que se encuentre desempeñando tenga acceso al secreto industrial (normalmente en los contratos laborales viene especificado una cláusula de confidencialidad) tiene la obligación contractual de no divulgarlo, sin tener previamente un consentimiento de la empresa o persona titular de aquel derecho.

Tip – La persona o empresa que adquiera ilícitamente información de un secreto industrial tendrá consecuencias jurídicas.

Cabe a destacar, si llegase a existir alguna clase de proceso contencioso ante autoridades judiciales, toda la información relativa a algún secreto industrial deberá ser resguardada, pues tanto los funcionarios públicos, testigos, peritos y representantes legales, deberán firmar una confidencialidad para prevenir que haya divulgación de esa información.

3.4. VARIEDADES VEGETALES

Para entrar de lleno al tema, debemos partir de la definición ¿Qué es una variedad vegetal?, pues bien, en su artículo 2 fracción IX de la ley vigente y establece "Variedad vegetal: Subdivisión de una especie que incluye a un grupo de individuos con características similares y que se considera estable y homogénea" (Ley Federal de la Variedades Vegetales, 2022).

Se ejemplifica de la siguiente manera una variedad vegetal:

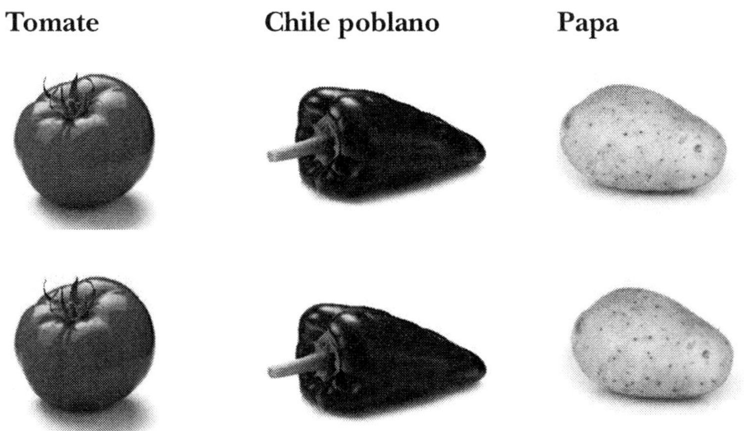

Las variedades vegetales tienen su propio mecanismo de registro, pues es un proceso aparte, ya que como lo establece la Ley Federal de Protección de la Propiedad Industrial no es patentable las variedades vegetales y razas animales, tampoco es susceptible de protección en el ramo de marcas.

Entonces ¿Cómo se protegen o, mejor dicho, donde se registran las variedades vegetales? El trámite se realiza ante el Servicio Nacional de Inspección y Certificación de Semillas (SNICS) y son ellos quienes regularizan y vigilan el acatamiento de la ley en semillas y variedades vegetales, pues se apoyan con diferentes dependencias y organismos privados.

CASO		LO CORRECTO
Si tú vas a selva Lacandona y descubres una planta y vas a registrarla con el SNICS	✗	Lo que se encuentra tal cual, en la naturaleza, no genera un derecho, sin embargo, puedes nombrar a la planta
Si yo modifico la composición de una planta (girasol rojo, nochebuena morada, tomate sin semillas) y voy a registrar a SNICS	✓	Cumple con las características de una variedad vegetal

Así bien, la Ley Federal de Variedades Vegetales en su artículo 4 le confiere el derecho a los obtentores de variedades vegetales:

Ser reconocido como obtentor de una variedad vegetal. Este derecho es inalienable e imprescriptible

Aprovechar y explotar, en forma exclusiva y de manera temporal, por sí o por terceros con su consentimiento, una variedad vegetal

¿El título de una variedad vegetal es igual a una marca?

No, la variedad vegetal tiene su propia figura jurídica, aunque el título obtentor es homologo al título de patente.

¿Una variedad vegetal es creada?

Sí, a través del proceso de mejoramiento que busca las características de ser nueva, distinta, estable y homogénea en la variedad vegetal.

Capítulo 4

Invenciones

En el mundo de la Propiedad Industrial, si bien es cierto que la marca llega a ser la cara de la empresa siendo el primer filtro por el que se accede al consumidor, son las invenciones las que llegan atrapar al potencial cliente, ya que el proceso o producto final que es presentado en los anaqueles de las tiendas son el segundo filtro en la que el consumidor decidirá si escoge o no el producto y de ser elegido, dependiendo de su utilidad, se volverá su producto básico.

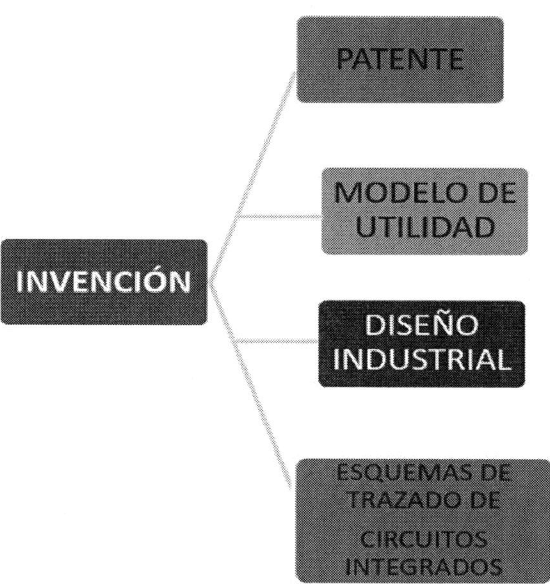

La invención es toda creación humana que permita transformar la materia o la energía que existe en la naturaleza, para su aprovechamiento por el hombre y satisfacer sus necesidades concretas, como así lo marca el artículo 46 de la ley de la materia;

ahora bien, NO se considera invención lo siguiente, pues así se desprende del númeral 47 de la ley (UNIÓN, 2020):

- Descubrimientos, las teorías científicas o sus principios
- Métodos matemáticos
- Obras literarias, artísticas o cualquier otra creación estética
- Esquemas, planes, reglas y métodos para el ejercicio de actividades intelectuales, para juegos o para actividades económico-comerciales o para realizar negocios
- Programas de computación
- Formas de presentar información
- Material biológico y genético, tal como se encuentra en la naturaleza
- La yuxtaposición de invenciones conocidas o combinación de productos conocidos, salvo que se trate de su combinación o fusión que no pueda funcionar separadamente o que las cualidades o funciones características de las mismas sean modificadas para obtener un resultado industrial o un uso no obvio para un técnico en la materia

4.1. PATENTE

La patente es el instrumento legal que permite a un inventor, a su causahabiente o cesionario, explotar de modo exclusivo un invento durante un tiempo determinado, este certificado en México es otorgado por el Instituto Mexicano de la Propiedad Industrial (IMPI), es la esencia del artículo 55 del ordenamiento legal. (UNIÓN, 2020)

Ahora bien, existen una serie de requisitos que deben atenderse para la viabilidad de otorgamiento de la patente, mismos que son:

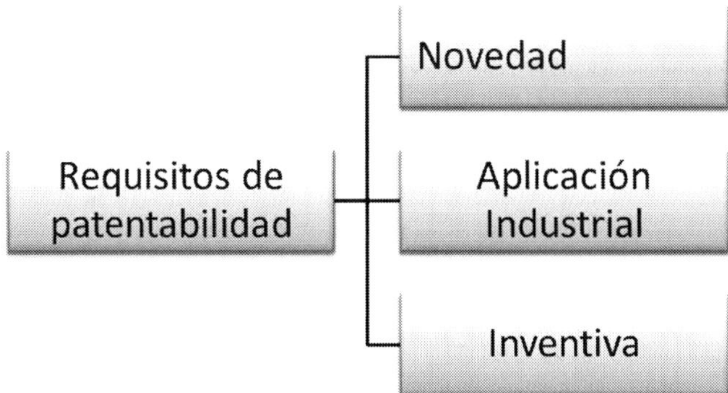

- **Novedad:** significa que nadie pensó en ello, por ende, no ha existido ninguna solicitud de patente respecto de esa invención.
- **Aplicación Industrial:** el resultado final de la invención debe ser la industria.
- **Inventiva:** se debe resolver un problema técnico, teniendo la premisa que el resultado no puede ser obvio para alguien experto en el rubro; en este punto en particular, el estudio se llega a realizar por un experto en el tema, volviéndolo un enfoque subjetivo.

¿Existen cosas que no pueden ser patentables?

Sí, conforme lo establecido en el artículo 49 de la Ley Federal de Protección a la Propiedad Industrial, misma que se mencionan a continuación:

> **Tip** – El IMPI solo puede emitir 2 oficios de requerimiento de forma y 4 oficios de fondo.

I.- Las invenciones cuya explotación comercial sea contraria al orden público o contravengan cualquier disposición legal, incluyendo aquéllas cuya explotación deba impedirse para proteger la salud o la vida de las personas o de los animales o vegetales, o para evitar daños graves al medio ambiente. En particular:

a) Los procedimientos de clonación de seres humanos y sus productos;

b) Los procedimientos de modificación de la identidad genética germinal del ser humano y sus productos cuando éstos impliquen la posibilidad de desarrollar un ser humano;

c) Las utilizaciones de embriones humanos con fines industriales o comerciales, o

d) Los procedimientos de modificación de la identidad genética de los animales, que supongan para estos sufrimientos sin utilidad médica o veterinaria sustancial para el hombre o el animal, y los animales resultantes de dichos procedimientos;

II.- Las variedades vegetales y las razas animales, salvo en el caso de microrganismos;

III.- Los procedimientos esencialmente biológicos de obtención de vegetales o de animales y los productos resultantes de estos procedimientos.

Lo anterior no afectará a la patentabilidad de las invenciones cuyo objeto sea un procedimiento microbiológico o cualquier otro procedimiento técnico o un producto obtenido por dichos procedimientos;

IV.- Los métodos de tratamiento quirúrgico o terapéutico del cuerpo humano o animal y los métodos de diagnóstico aplicados a éstos, y

V.- El cuerpo humano en los diferentes estadios de su constitución y desarrollo, así como el simple descubrimiento de uno de sus elementos, incluida la secuencia total o parcial de un gen.

El material biológico aislado de su entorno natural y obtenido mediante un procedimiento técnico, podrá ser objeto de una invención patentable, aun cuando ya exista anteriormente en la naturaleza.

Tip – El pago de una solicitud ya te incluye el examen de forma y examen de fondo.

La aplicación industrial de una secuencia total o parcial de un ácido nucleico o proteína deberá divulgarse expresamente en la solicitud de patente.

¿Cuánto tiempo tarda en que me otorgue una patente?

Son 18 meses para una primera resolución, aproximadamente son 3 años para un resultado final.

¿Cuál es la vigencia de una patente?

La patente tendrá una vigencia de 20 años improrrogables, sujeta al pago de sus correspondientes anualidades.

Tip – Otorgándose la invención, debe pagarse su anualidad y título.

¿Cuál es el pago de derechos que se realiza por un registro de patente?

Se paga el concepto 1a por la cantidad de $4,550.00 pesos, correspondiente a la presentación de la solicitud y sus anexos de hasta 30 hojas.

¿Cuál es el pago de derechos que se realiza por el título de una patente?

Se paga el concepto 1e por la cantidad de $3,099.84pesos.

Ejemplo de Patente

De acuerdo con la página web oficial de la Gaceta de la Propiedad Industrial, encontramos una gran variedad de expedientes, mismos que siendo de consulta pública se expondrá a manera de ejemplo didáctico la descripción correcta de una patente. (IMPI, 2022)

"SOPORTE DE BICICLETA AUTOMÁTICAMENTE DESPLEGADO"

CAMPO DE INVENCIÓN

La presente invención está relacionada con las técnicas ocupadas en el diseño y fabricación de Bicicletas, y más particularmente, está relacionada con un soporte de bicicleta automáticamente desplegado.

ANTECEDENTES DE LA INVENCIÓN

Los vehículos de dos ruedas tales como las bicicletas se pueden equipar con un pie de soporte para mantener el vehículo en posición vertical cuando no está en movimiento. Existen situaciones, mientras se conduce un vehículo de dos ruedas, donde el conductor necesita usar sus piernas para mantener el vehículo en posición vertical, por ejemplo, cuando está detenido en un semáforo, cuando está por detenerse, cuando está yendo muy lento, etc. Por lo tanto, el uso de vehículos de dos ruedas puede estar limitado a personas con la capacidad de usar sus piernas para sostener el vehículo en condiciones de velocidad muy baja o de velocidad nula.

Además, la necesidad de sostener un vehículo de dos ruedas cuando se mueve lentamente o está detenido puede presentar un peligro de que un conductor se caiga si su pie o sus pies se quedan atascados en su lugar. Por ejemplo, un cordón del zapato se puede enredar en un eje del pedal o un pue se puede atascar en un sujetador de puntera, haciendo que el conductor se caiga al puso junto con la bicicleta. Las limitaciones físicas pueden hacer difícil o incluso imposible la operación de un caballete.

BREVE DESCRIPCIÓN DE LOS DIBUJOS

La figura 1 es una vista lateral de una bicicleta que incluye un mecanismo de soporte de bicicleta a modo de ejemplo.

La figura 2 es una vista lateral de un soporte de bicicleta a modo de ejemplo de la figura 1.

La figura 3 es una vista en sección transversal de un mecanismo de soporte de bicicleta a modo de ejemplo de la figura 1.

La figura 4ª es una vista en planta del mecanismo de soporte de bicicleta de la figura 1.

La figura 4B es una vista semi transparente de una sección del mecanismo de soporte de bicicleta de la figura 1 que muestra la disposición de una tuerca.

La figura 4C es una vista semi transparente de una sección del mecanismo de soporte de bicicleta de la figura 1 que muestra la cooperación de una tuerca y un brazo de soporte.

La figura 5 es una vista en corte parcial en perspectiva de un accionador que incluye una rueda de fricción.

La figura 6 es una vista de despiece del accionador y la rueda de fricción de la figura 5

La figura 7ª es una vista en perspectiva de un mecanismo de engranaje de elevación.

La figura 7B es una vista en perspectiva del mecanismo de engranaje de elevación de la figura 7ª con una porción de un corte de sección de una rueda externa.

La figura 7C es una vista en perspectiva de la rueda externa con un corte de sección de la porción frontal.

La figura 8ª es una vista en perspectiva de un accionador con un bloqueo del accionador que está en una primera posición hacia adentro.

La figura 8B es una vista en corte de sección de un mecanismo de engranaje de descenso que muestra la cooperación de un poste de bloqueo y un engranaje cabrestante.

La figura 8C es una vista en planta inferior de un accionador que muestra la cooperación de un poste de bloqueo un engranaje cabrestante.

La figura 9ª es una vista en perspectiva de un accionador con un bloqueo del accionador en una segunda posición hacia afuera.

La figura 9B es una vista en corte de sección del accionador de la figura 8ª que muestra el funcionamiento de los dientes externos de bloqueo y los dientes externos de la rueda.

La figura 9C es una vista inferior de un accionador que muestra la cooperación de los dientes externos de bloqueo y los dientes de la rueda externa.

La figura 10 es una vista en corte de sección de una sección del mecanismo de soporte de bicicleta de la figura 1 que muestra un brazo de soporte y un resorte plano.

DESCRIPCIÓN DETALLADA

En la presente se divulga y se ilustra en las diferentes figuras un mecanismo de soporte 100 que incluye una barra 110 que se puede conectar con un cuadro 12 de una bicicleta 10. Como se utiliza en la presente, una bicicleta puede ser cualquier vehículo de dos ruedas adecuado, p.ej., una bicicleta, una bicicleta eléctrica, un ciclomotor, un escúter, una motocicleta, etc. La bicicleta 10 incluye una rueda de bicicleta 20. La rueda de bicicleta 20 incluye un neumático 22.

La barra 110 del mecanismo de soporte 100 tiene forma de un tubo hueco e incluye un extremo superior 116 y un extremo inferior 118. Un abrazo de soporte 120 es desplegable telescópicamente hacia abajo desde el extremo inferior 118 de la barra 110. Una rueda de fricción 190 es sostenida rotativamente por la barra 110. La rueda de fricción 190 se extiende desde el extremo superior 116 de la barra 110 de modo que la rueda de fricción 190 se dispone para estar en contacto friccional con una parte de la rueda de la bicicleta 20, p.ej., el neumático 22.

El mecanismo de soporte 100 es impulsado por la rueda de fricción 190 para desplegar el brazo de soporte 120 cuando la bicicleta 10 se está moviendo lentamente, por debajo de un umbral de velocidad baja, p.ej., 3 mph a la cual la bicicleta podría empezar a tambalearse. El mecanismo de soporte 100 eleva el brazo de soporte 120 cuando la bicicleta 10 se está moviendo rápidamente, por encima de un umbral de velocidad alta, p. ej., 5 mph, a la cual la bicicleta tiende a permanecer en posición vertical de manera estable. De este modo, el brazo de soporte 120 se despliega automáticamente cuando la bicicleta 10 se está moviendo lentamente o está detenida y ayuda a mantener a la bicicleta 10 en posición vertical. Por lo tanto, un conductor no necesita usar sus pues para mantener la estabilidad de la bicicleta 10.

Con referencia a las figuras 1 y 2, una bicicleta 10 incluye un cuadro 12. El cuadro 12 tiene una extensión de cuadro 14. La rueda de bicicleta 20 incluye el neumático 22, y está sostenida rotativamente en el cuadro 12, p.ej., de un modo convencional.

Un mecanismo de soporte 100 incluye una barra 110. La barra 110 está unida rotativamente al cuadro 12. La barra 110 tiene un extremo superior 116 y un extremo inferior 118. La barra 110 se dispone en un primer lado 17 del cuadro de la bicicleta 12 de modo que el extremo superior 116 de la barra 110 está próximo a una parte superior 24 de la rueda de bicicleta 20, p.ej., el extremo superior 116 es generalmente una porción de la barra 110 más cercana a la parte superior 24 de la rueda de bicicleta 20 en relación con cualquier otra porción de la barra 110. Se puede utilizar una extensión del cuadro 14 para sostener la barra 110 en el cuadro 12. La extensión del cuadro 14 se extiende desde el cuadro 12 hasta un punto en o por debajo del extremo superior 116 de la barra 110, y permite que la barra 110 esté sujeta al cuadro 12. En el ejemplo que se muestra en la figura 1, la barra 110 se extiende en una dirección sustancialmente vertical, con el extremo superior 116 de la barra ubicado cerca de la parte superior 24 de la rueda de bicicleta 20. Se puede utilizar una segunda extensión del cuadro 16 de modo alternativo o adicional para sostener rotativamente la barra 110 en el cuadro 12. Por ejemplo, la segunda extensión del cuadro 16 se puede extender hacia afuera del cuadro 12 cerca del eje (no se muestra) de la rueda 20 y sostener rotativamente la barra 110 cerca del extremo inferior 118.

Como se muestra en las figuras 2 y 3, se puede utilizar una tapa de conexión 130 para conectar el primer extremo 142 del resorte de suspensión 140 al extremo inferior 124 del brazo de soporte 120. Cabe destacar, sin embargo, que se puede utilizar otros conectores para conectar el resorte 142 con el brazo de soporte 120 en vez de la tapa 130.

El resorte de suspensión 140 permite que el mecanismo de soporte 100 responda a las irregularidades en una superficie de carretera y reducir o minimizar los efectos de estas irregularidades mientras se continúa proporcionando una función de soporte para la bicicleta 10.

Sin embargo, se puede omitir el resorte de suspensión 140 en el mecanismo de soporte 100. La estructura de soporte de rueda 150 se puede conectar al extremo inferior 124 del brazo de soporte 120 y una rueda de soporte 152 se puede unir a la estructura de soporte de rueda 150.

Con referencia a las figuras 5 y 6, el accionador 200 incluye un mecanismo centrifugo 220 sostenido rotativamente dentro de la barra 110, siendo el mecanismo centrifugo 220 sustancialmente de forma circular, extendiéndose la varilla 192 desde un punto central del mecanismo centrifugo 220 y conectando fijamente la rueda de fricción 190 al mecanismo centrifugo 220 de modo que la rueda de fricción 190 impulsa la rotación del mecanismo centrifugo 220.

Las figuras 5 y 6 muestran el mecanismo centrifugo 220. El disco centrifugo 222 está formado sustancialmente como un cilindro con una cavidad 252 formada dentro del mismo. Las porciones guía 256 definen laterales de las cavidades 252 y se extienden radialmente hacia afuera aproximadamente desde el punto central del disco centrifugo 222. Las porciones guía 256 se extienden verticalmente hacia abajo desde una superficie superior 250 del disco centrifugo 222. La superficie de soporte del bloqueo centrifugo 254 define la parte inferior de la cavidad 252.

Con referencia a la figura 6, el mecanismo de engranaje de descenso 241 incluye un engranaje cabrestante 242. El engranaje 242 está unido fijamente al extremo superior 116 de la barra 110.

Con referencia a las figuras 7ª, 7B y 7C, el mecanismo de engranaje de elevación 229 incluye una rueda externa 230. La rueda externa 230 es sostenida rotativamente en el extremo superior 116 de la barra 110. La rueda externa 230 tiene la forma de un cilindro hueco y tiene una superficie interior 231. Como se muestra en la figura 7C, los dientes de la rueda externa 232 se disponen en una porción superior de la superficie interior 231 de la rueda externa 230. Además, como se muestra en la figura 7C, los dientes externos del engranaje solar 236 se disponen en una porción inferior de la superficie interior 231 de la rueda externa 230.

Con referencia a las figuras 5 y 8ª, cuando el disco centrifugo 222 está detenido, y no se ejerce ninguna fuerza centrífuga en el bloqueo centrifugo 226, el bloqueo centrifugo 226 es desviado a una primera posición mediante el resorte de desviación 224. En la primera posición, el bloqueo centrifugo 226 es sostenido radialmente hacia adentro con respecto al disco 222 dentro de la cavidad 252. En la primera posición, los dientes externos de bloqueo 227 permanecen dentro de una periferia externa del disco centrifugo 222. El poste de bloqueo 228 es sostenido radialmente hacia adentro con respecto al disco 222, en una posición donde el poste de bloqueo 228 puede conectar el engranaje cabrestante 242.

En las figuras 8ª, 8B y 8C se muestra el funcionamiento del accionador 200 mientras desciende brazo de soporte 120. Cada una de las figuras 8ª, 8B y 8C muestra el bloque centrifugo 226 en la primera posición. Como se muestra en las figuras 8B y 8C, en la primera posición, el poste de bloqueo 228 está en una posición para conectar el engranaje cabrestante 242. Cuando el poste de bloqueo 228 está conectado con el engranaje cabrestante 242, la barra 110 es impulsada para rotar en una dirección y a la misma velocidad de rotación que la rueda de fricción 190. Cuando la bicicleta 10 está detenida, el disco centrifugo 222 no rota y el brazo de soporte 120 permanece en su lugar.

El funcionamiento del accionador 200 mientras se eleva el brazo de soporte 120 se muestra en las figuras 9ª, 9B y 9C. Cada una de las figuras 9ª, 9B y 9C muestra el bloqueo centrifugo 226 en la segunda posición radialmente hacia afuera. Como se muestra en las figuras 9ª y 9B, cuando el bloqueo centrifugo 226 está en la segunda posición, los dientes externos de bloqueo 227 del bloque centrifugo 226 se conectan con los dientes de la rueda externa 232. De este modo, el mecanismo centrifugo 220 hace que la rueda externa 230 rote en la misma dirección que la rueda de fricción 190.

Cuando el brazo de soporte 120 ha sido completamente extendido en una dirección hacia abajo, el brazo de soporte 120 sale de la tuerca 300. La tapa 160 se ubica dentro de la tuerca 300. En esta posición, el resorte plano 400 conecta la pieza superior 162 e impulsa la tapa 160 hacia arriba de modo que cuando la barra 110 invierte la dirección, la tuera 300 y las roscas 122 en el brazo de soporte 120 se vuelven a conectar.

La figura 10 muestra el funcionamiento del resorte plano 400. Cuando el brazo de soporte 120 ha sido completamente extendido, las roscas 122 del brazo de soporte 120 salen de la tuerca 300. La tapa 160 se extiende a través de la tuerca 300. La pieza superior 162 de la tapa 160 está en contacto con el resorte plano 400, de modo que el resorte plano 400 impulsa la tapa hacia arriba. Cuando la barra 110 invierte la dirección, el resorte plano 400 impulsa el brazo de soporte 120 hacia adentro de la tuerca 300, permitiendo que la tuerca 300 se conecte de manera roscada con el brazo de soporte 120.

Como se utiliza en el presente, el adverbio "sustancialmente" modificando a un adjetivo significa que una forma, estructura, medida, etc., se puede desviar de una geometría, distancia, medida exacta, etc., descrita dada las imperfecciones en los materiales, mecanización, fabricación, etc.

REIVINDICACIONES

Un mecanismo de soporte de bicicleta, caracterizado porque comprende:

Una barra hueca que se puede conectar a un cuadro de bicicleta, incluyendo la barra un extremo superior y un extremo inferior, un brazo de soporte desplegable telescópicamente hacia abajo desde el extremo inferior de la barra, y una rueda de fricción sostenida rotativamente por la barra, extendiéndose la rueda de fricción desde el extremo superior de la barra de modo que la rueda de fricción se dispone para estar en contacto friccional con una rueda de bicicleta, y un accionador dispuesto para mover el brazo de soporte, siendo el accionador impulsado por la rueda de fricción.

El mecanismo de conformidad con la reivindicación 1, caracterizado además porque el accionador está ubicado en el extremo superior de la barra.

El mecanismo de conformidad con la reivindicación 3, caracterizado además porque el mecanismo centrífugo incluye: un disco centrifugo sostenido rotativamente dentro de la barra, siendo el disco centrifugo sustancialmente de forma circular, extendiéndose la varilla desde un punto central del disco centrifugo y conectando fijamente la rueda de fricción al disco centrífugo, teniendo el disco centrífugo una superficie de soporte del bloqueo centrífugo y porciones guía que se extienden radialmente hacia arriba desde la superficie de soporte del bloqueo centrífugo, un bloque centrífugo dispuesto de manera deslizable en la superficie de soporte del bloque centrífugo entre las porciones guía, incluyendo el bloqueo centrífugo dientes externos del bloque centrífugo y un poste de bloqueo, un buje rotativamente conectado con la varilla, y un resorte que conecta el bloqueo centrífugo con el buje.

El mecanismo de conformidad con la reivindicación 4, caracterizado además porque el accionador incluye un mecanismo de engranaje de descenso y un mecanismo de engranaje de elevación, siendo cada uno del mecanismo de engranaje de descenso y el mecanismo de engranaje de elevación selectivamente conectables mediante el mecanismo centrífugo.

El mecanismo de conformidad con la reivindicación 5, caracterizado además porque: cuando el disco centrífugo está rotando a una velocidad igual o inferior a una velocidad de rotación predeterminada, el bloque centrífugo es sostenido en una primera posición radialmente hacia adentro en el disco centrífugo y conecta el mecanismo de engranaje de descenso, y cuando el disco centrífugo está rotando a una velocidad por encima de la velocidad rotativa predeterminada, el bloqueo centrífugo se mueve a una segunda posición radialmente hacia afuera, en el disco centrífugo y conecta el mecanismo de engranaje de elevación.

El mecanismo de conformidad con la reivindicación 6, caracterizado además porque el mecanismo de engranaje de descenso incluye un engranaje cabrestante unido fijamente al extremo superior de la barra, en donde: cuando el disco centrifugo está rotando a una velocidad igual o por debajo de una velocidad predeterminada, el bloqueo centrifugo es sostenido en la primera posición radialmente hacia adentro en el disco centrifugo, un poste de bloqueo dispuesto en el bloqueo centrifugo conecta el engranaje cabrestante, la barra rota mediante el mecanismo centrifugo en una primera dirección correspondiente a la dirección de rotación del disco centrifugo, y la rotación de la barra desciende el brazo de extensión.

El mecanismo de conformidad con la reivindicación 10, caracterizado además porque incluye un resorte plano dispuesto en la porción inferior de la barra, en donde el brazo de soporte tiene una superficie exterior, incluyendo la superficie exterior una porción roscada sobre la misma, una tapa que se extiende por encima de la porción roscada que tiene un diámetro sustancialmente igual al diámetro de la porción roscada, y una pieza superior que tiene un diámetro más grande que el diámetro de la porción roscada, y en donde adicionalmente, cuando el brazo de soporte ha sido totalmente extendido hacia abajo, la porción roscada sale de la tuerca, la tapa se ubica dentro de la tuerca, y el resorte plano impulsa la tapa hacia arriba de modo que cuando la barra invierte la dirección, la tuerca y la porción roscada del brazo de soporte se vuelven a conectar.

Una bicicleta, caracterizada porque comprende: un cuadro, una rueda de bicicleta sostenida por el cuadro, una barra hueca conectada al cuadro de la bicicleta, incluyendo la barra un extremo superior y un extremo inferior, un brazo de soporte desplegable telescópicamente hacia abajo desde el extremo inferior de la barra, una rueda de fricción sostenida rotativamente por la barra, extendiéndose la rueda de fricción desde el extremo superior de la barra de modo que la rueda de fricción está en contacto friccional con la rueda de la bicicleta, y un accionador dispuesto para mover el brazo de soporte, siendo el accionador impulsado por la rueda de fricción.

Un método para utilizar un mecanismo de soporte de bicicleta que incluye una barra hueca que se puede conectar a un cuadro de bicicleta, incluyendo la barra un extremo superior y un extremo inferior, un brazo de soporte telescópicamente desplegable hacia abajo desde el extremo inferior de la barra, una rueda de fricción sostenida rotativamente por la barra, extendiéndose la rueda de fricción desde el extremo superior de la barra de modo que la rueda de fricción se dispone para estar en contacto friccional con una rueda de bicicleta, un accionador siendo impulsado por la rueda de fricción, y el accionador incluye un mecanismo centrifugo que se hace rotar por la rueda de fricción, el método estando caracterizado porque comprende: descender el brazo de soporte cuando el mecanismo centrifugo rota a una velocidad por encima de cero y por debajo de una primera velocidad de rotación, y elevar el brazo de soporte cuando mecanismo centrifugo rota a una velocidad por encima de una segunda velocidad de rotación.

RESUMEN DE LA INVENCIÓN

Un mecanismo de soporte de bicicleta incluye una barra que se puede conectar con un cuadro de una bicicleta. La barra tiene la forma de un tubo hueco e incluye un extremo superior y un extremo inferior. Un brazo de soporte es telescópicamente desplegable hacia abajo desde el extremo inferior de la barra. Una rueda de fricción es rotativamente sostenida por la barra. La rueda de fricción se extiende desde el extremo superior de la barra de modo que la rueda de fricción se dispone para estar en contacto friccional con una rueda de bicicleta.

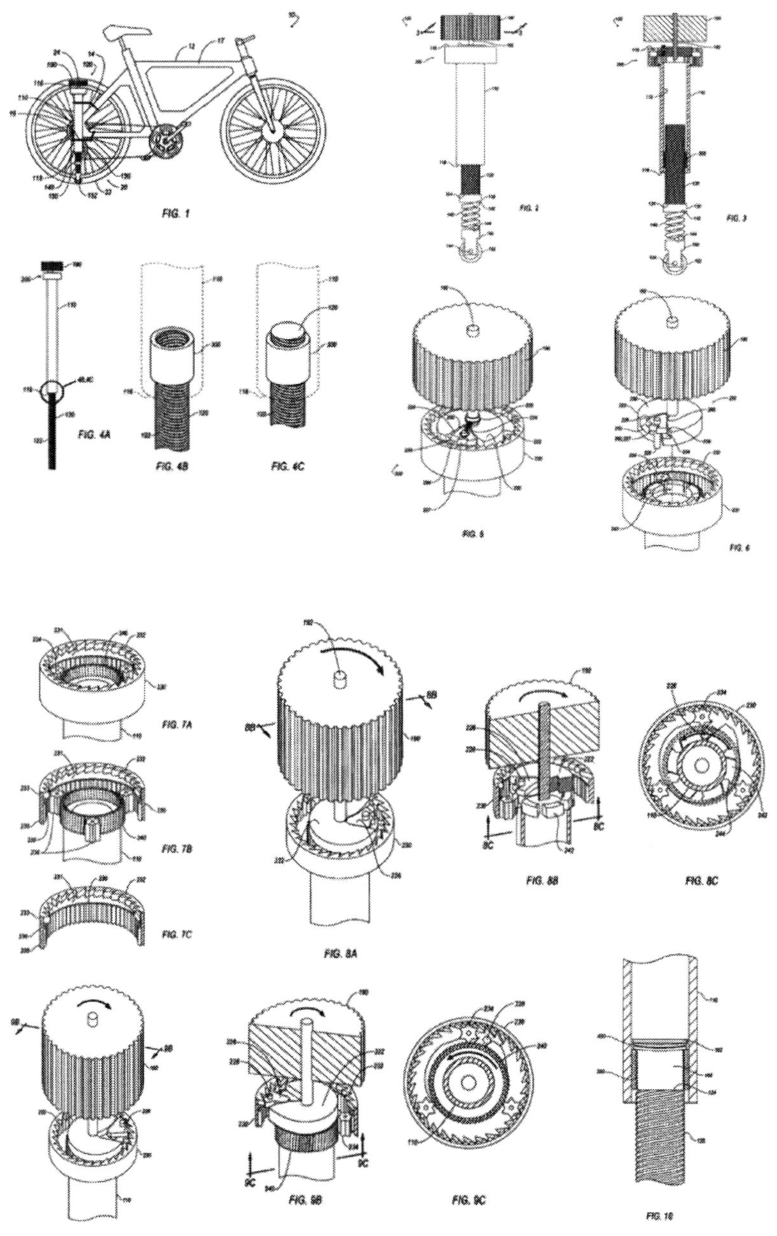
FIG. 1
FIG. 2
FIG. 3
FIG. 4A
FIG. 4B
FIG. 4C
FIG. 5
FIG. 6
FIG. 7A
FIG. 7B
FIG. 7C
FIG. 8A
FIG. 8B
FIG. 8C
FIG. 9A
FIG. 9B
FIG. 9C
FIG. 10

4.2. DISEÑO INDUSTRIAL

El diseño industrial se enfoca al aspecto estético u ornamental (sin involucrar su funcionalidad) de un producto, que tenga novedad y aplicación industrial; este en particular se divide de la siguiente manera, mismo que lo establece el artículo 66 de la ley:

- **Dibujo Industrial,** es toda combinación de figuras, líneas o colores que se incorporen a un producto industrial o artesanal con fines de ornamentación, resultando en un aspecto peculiar y propio.
- **Modelo Industrial,** es toda forma tridimensional que sirva de tipo o patrón para la fabricación de un producto industrial o artesanal, que le dé apariencia especial, siempre y cuando no involucre aspectos técnicos (UNIÓN, 2020).

¿Cuál es la vigencia de un diseño industrial?

El diseño industrial tiene una vigencia de 5 años renovables por periodos iguales hasta 25 años, sujeta al pago de sus correspondientes quinquenios (5 años).

¿Cuánto tiempo tarda en que me otorgue un diseño industrial?

1 año aproximadamente

¿Cuál es el pago de derechos que se realiza por un diseño industrial?

Se paga el concepto 9f por la cantidad de $2,000.00 pesos.

Ejemplo de Modelo Industrial

De acuerdo con la página web oficial de la Gaceta de la Propiedad Industrial, encontramos una gran variedad de expedientes, mismos que siendo de consulta pública se expondrá a manera de ejemplo didáctico la descripción correcta de un modelo industrial. (IMPI, 2022)

"MODELO INDUSTRIAL DE PORCIÓN DE SILLA"

DESCRIPCIÓN

El presente modelo industrial se refiere a un nuevo modelo industrial de porción de silla, diferente en su totalidad de los conocidos hasta la fecha, que se caracteriza por su novedoso diseño practico y de ornato, que le proporciona un aspecto del todo peculiar y propio.

En las figuras adjuntas se ilustra el presente modelo industrial de porción de silla en 8 vistas que dan una clara y completa idea de su diseño practico y de ornato, siendo:

La figura 1 una vista en perspectiva frontal, superior y lateral izquierda del nuevo modelo industrial de porción de silla;

La figura 2 una vista en perspectiva posterior, inferior y lateral izquierda del mismo;

La figura 3 una vista en elevación frontal del mismo;

La figura 4 una vista en elevación posterior del mismo;

La figura 5 una vista en elevación lateral izquierda del mismo;

La figura 6 una vista en elevación lateral derecha del mismo;

La figura 7 una vista en planta superior del mismo; y

La figura 8 una vista en planta inferior del mismo.

Las líneas discontinuas ilustradas en las figuras antes referidas son solo para efectos ilustrativos y no forman parte del diseño reclamado.

REIVINDICACIÓN

El presente modelo industrial de porción de silla, tal como se ha referido ilustrado.

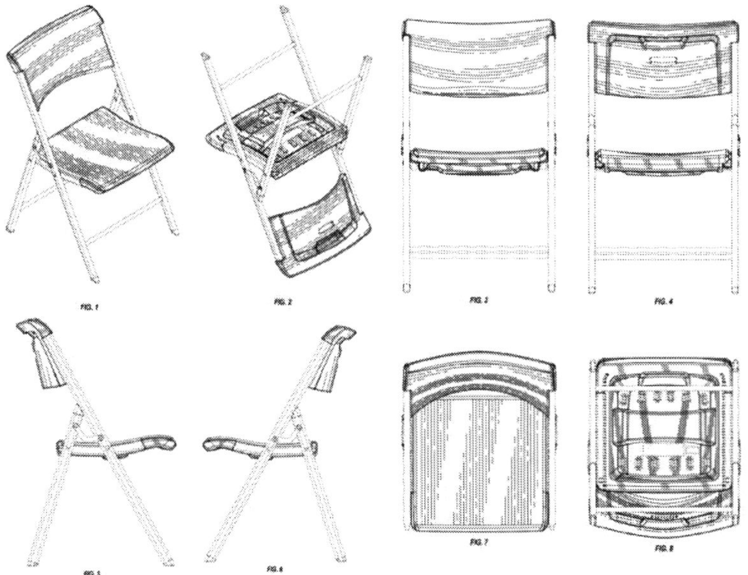

Ejemplo de Dibujo Industrial

Podemos encontrar en la página web oficial de la Gaceta de la Propiedad Industrial expedientes que, a manera de caso didáctico se expondrá la descripción correcta de un dibujo industrial.

"DIBUJO INDUSTRIAL DE PANTALLA O PORCIÓN DE LA MISMA CON INTERFAZ GRÁFICA DE USUARIO"

DESCRIPCIÓN

El presente diseño refiere un dibujo industrial para una pantalla o porción de la misma con interfaz gráfica de usuario, diferente a todos los conocidos hasta ahora y caracterizado por su forma especial y ornato que le dan un aspecto peculiar y propio. Los detalles característicos de este diseño se muestran en los dibujos que se acompañan a la presente documentación como una ilustración del mismo y en donde:

La figura 1 corresponde al dibujo industrial de pantalla o porción de la misma con interfaz gráfica de usuario en una primera modalidad.

La figura 2 al dibujo industrial de pantalla o porción de la misma con interfaz gráfica de usuario en una segunda modalidad.

La figura 3 a una segunda vista en transición del mismo.

Las líneas punteadas ilustran elementos, estructura o características que no forman parte del diseño reivindicado.

Las líneas punteadas periféricas ilustran una pantalla o porción de la misma y no forman parte del diseño reivindicado.

Los corchetes mostrados en las figuras 2 a 3 indican un conjunto; dichos corchetes no forman parte del diseño reivindicado. Los elementos de cada conjunto se encuentran arreglados relativamente en las ilustraciones para facilidad de su comprensión, pero la ubicación de cada uno de ellos con respecto al otro, o en la ilustración, no forman parte del diseño reivindicado. El solicitante se reserva el derecho a reclamar cada elemento del conjunto apareciendo en la pantalla o porción de la misma al mismo tiempo, en diferentes tiempos, en cualquier orden o combinación.

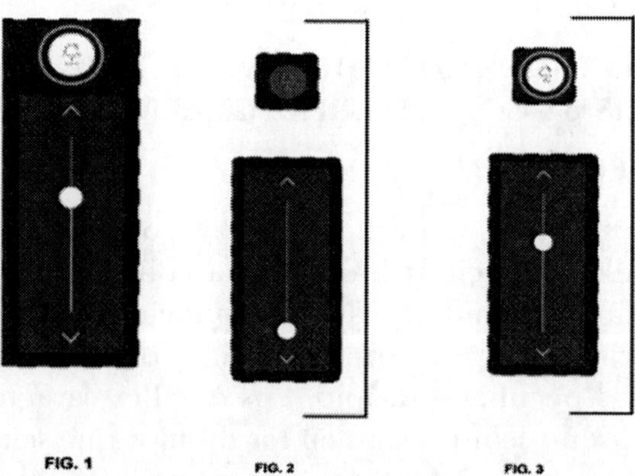

FIG. 1 FIG. 2 FIG. 3

REIVINDICACIÓN

El dibujo industrial de pantalla o porción de la misma con interfaz gráfica de usuario, tal como se ha referido e ilustrado (IMPI, 2022).

4.3. MODELO DE UTILIDAD

El modelo de utilidad es el resultado de una modificación y/o configuración a la estructura o forma de objetos, utensilios, aparatos o herramientas, derivando en una función diferente de las partes que lo integran o ventajas en cuanto a su utilidad, como así lo establece el artículo 59 de la ley vigente. (UNIÓN, 2020)

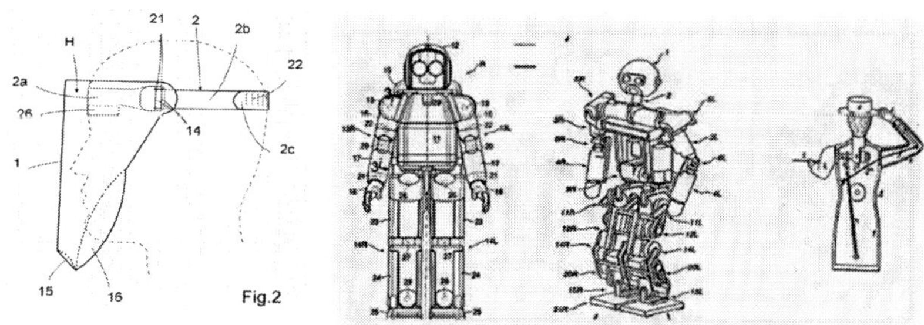

¿Cuál es la vigencia de un modelo de utilidad?

El modelo de utilidad tiene una vigencia de 15 años, sujeta al pago de sus correspondientes anualidades; en el caso de personas físicas (inventor) solo se les obliga a pagar cada año o si tienen los medios, puede pagar toda la vigencia.

> **Tip** – Cada avance en el examen de forma y fondo, el IMPI realiza una publicación en la Gaceta.

¿Cuánto tiempo tarda en que me otorgue un modelo de utilidad?

1 año aproximadamente

¿Cuál es el pago de derechos que se realiza por un modelo de utilidad?

Se paga el concepto 9a por la cantidad de $2,000.00 pesos, correspondiente a la presentación de la solicitud y sus anexos de hasta 30 hojas.

Ejemplo de Modelo de Utilidad

Cabe mencionar, en base a la información que nos proporciona la página web oficial de la Gaceta de la Propiedad Industrial, encontramos una gran variedad de expedientes, mismos que siendo de consulta pública se expondrá a manera de ejemplo didáctico la descripción correcta de un modelo de utilidad. (IMPI, 2022)

"TAPA Y UTENSILIO VERTEDOR CON DISPOSITIVO DE SUJECIÓN PARA CONTENEDOR"

CAMPO TÉCNICO

El campo técnico al que va dirigido y centrado el presente modelo de utilidad como invención es al de la fabricación de tapas elaboradas en diferentes materiales para sellar contenedores fabricados en lámina o material distinto, empleados para el almacenaje de productos en presentación de polvos o granulados los cuales pueden ser vertidos en su destino final mediante una cuchara medidora para su mezcla.

ANTECEDENTES

Se conocen infinidad de tapas para recipientes en la industria y en el mercado que tienen la finalidad de resguardar y prolongar la calidad del producto que contienen en su interior por un determinado tiempo, dichas tapas pueden ser fabricadas en diferentes materiales y en diferentes medidas de acuerdo con el tamaño del contenedor el cual puede constar de una lata que comúnmente se elabora de lámina o de otro material y que comúnmente al adquirirlas se encuentran selladas por dos tapas, una de ellas del mismo material del contenedor la cual crea vacío y total hermetismo, y que al retirarla se deforma quedando inutilizable, y otra que, se coloca sobre esta última y que comúnmente es fabricada de plástico flexible y tiene la función de tapar herméticamente la lata en ocasiones subsecuentes para conservación del producto que contiene.

Es preciso manifestar que en su mayoría estas tapas cumplen con su propósito, pero su función se limita única y exclusivamente a la conservación del producto que en el mayor de los casos es perecedero y su presentación es en polvo.

Para que el producto en polvo pueda ser vertido o dispersado en algún otro recipiente para su consumo los fabricantes del mismo incluyen una cuchara que tiene la función de verter dicho producto aunado a medir la cantidad en unidades, que en proporción a la cantidad del líquido con el que se mezclan constituyen u homogeneizan el alimento para ser consumido, dicha cuchara se introduce en el contenedor junto al producto en polvo para posteriormente ser sellado por la tapa de garantía y subsecuentemente por la tapa plástica que en ocasiones posteriores tendrá la función de sellar el contenedor una vez que este se ha abierto, integrados estos componente el producto se pone a la venta.

El problema radica en que esta cuchara se mezcla con el producto en polvo quedando por lo regular en el fondo del recipiente cubierto por el mismo, de manera que una vez que se abre el contenedor al retirarse la tapa que funge como sello hermético, el consumidor tiene que introducir la mano para buscar la cuchara que se encuentra en el producto en polvo, causando esto un alto riesgo de contaminar el producto, ocasionando así altas probabilidades de contraer enfermedades por quien lo consume, considerando que una gran población de consumidores la constituyen niños lactantes, dado que cuando menos un 60 por ciento de la población infantil utiliza las fórmulas industrializadas, de igual manera las personas con problemas de salud o, como aquellas que han sido intervenidas quirúrgicamente y que requieren del apoyo de un suplemento alimenticio para lograr su recuperación así como personas de la tercera edad que en muchos casos necesitan complementar e incluso sustituir su alimentación con suplementos alimenticios en polvo; todos estos productos contenido en los contenedores en forma de lata ya conocidos. Ahora bien, dicho riesgo no disminuye al extraer la cuchara medidora pues en las múltiples ocasiones es común que el usuario una vez que ha vertido el producto en polvo, con el objeto de no extraviar la cuchara medidora la vuelve a introducir al contenedor mezclándola de nuevo con el producto y con esto se genera el mismo riesgo cada vez que se vuelve a usar, o en el peor de los casos dejar fuera la cuchara exponiéndola a organismo infecciosos que abundan en el ambiente o las superficies que regularmente no cuentan con la higiene adecuada.

La presente invención provee una solución a esta situación de riesgo ya que al sujetar la cuchara o utensilio vertedor por debajo de las tapas mediante el dispositivo de sujeción expuesto, esta se encontraría en un ambiente hermético y libre de agentes externos que impliquen probabilidades de contaminación, pues se encontraría dentro del contenedor evitando a la vez que sea mezclada con el polvo ya que una vez cerrado, la cuchara o utensilio vertedor permanecería en la parte superior del contenedor y el producto por gravedad permanecería asentado en la parte inferior, por la que de esta forma no tendrían contacto, y otorgando al consumidor una manera fácil y práctica de acceder a la cuchara con solo abrir el contenedor retirando la tapa y extrayendo la cuchara o utensilio vertedor por un ligero deslizamiento para liberarlo del dispositivo de sujeción.

En el estado de la técnica se encuentran las tapas convencionales y que comúnmente son usadas en los recipientes de productos de alimentos o suplementos en presentación granulada o pulverizada, las que actualmente son empleadas para el sellado y conservación de este tipo de contenedores son dos, una de ellas forma parte del mismo cuerpo del contenedor y que tiene una línea de corte o segmento de debilitamiento que debilita el extremo contra la fuerza del tipo de desgarre, pero mantiene una resistencia contra una fuerza del tipo vacío y/o presión, una lengüeta el segmento del extremo que se encuentra dentro de la línea de corte se desgarra, abriendo de este modo la lata sin el uso de un abrelatas, otra de ellas consta de un cuerpo liso de medidas variadas que dependen del tamaño de la boca del contenedor y que de manera sencilla se coloca ejerciendo una ligera presión sobre ella para atorar el extremo de su circunferencia que presenta un doblez en noventa grados que incluye una muesca, al borde de la boca del recipiente.

De igual manera se encuentra en el estado de la técnica una tapa que proporciona una sujeción de un utensilio para consumir el producto que contiene el recipiente este modelo es el denominado CUPCAN utilizando particularmente en los productos de ATUN en sus diferentes preparados la cual se conforma de una tapa de plástico semiflexible que al centro incluye una protuberancia redonda y lisa, dicho modelo incluye una pequeña cuchara con una pequeña perforación redonda en el centro de su cuerpo y que al introducirla a presión de manera vertical con el referido pivote queda sujeta a presión por debajo de la tapa para posteriormente tapar el contenedor. El referido modelo tiene como propósito proveer la pequeña cuchara y conservarlo dentro del recipiente para una posterior ingestión directa del producto.

Sin embargo, el modelo que describe en esta memoria se diferencia primeramente en la forma del pivote que complemente la unidad de invención con una, así como en el método de sujeción de la cuchara medidora teniendo como objeto preponderante la preservación de la higiene en el producto y por ende evitar la contaminación del mismo teniendo como beneficio extra el fácil acceso y la práctica utilización de la cuchara para verter el producto.

BREVE DESCRIPCIÓN DE LAS FIGURAS

Figura 1 vista lateral posterior del utensilio vertedor donde se muestra en su mango la perforación con forma de dos círculos Inter seccionados.

Figura 2 vista del pivote en forma cilíndrica donde se muestra la unión con la tapa y su cabeza o ensanchamiento en su otro extremo.

Figura 3 vista lateral superior del contenedor donde se muestra un utensilio vertedor adherido a una tapa mediante el dispositivo de sujeción.

Figura 4 vista posterior y lateral de dos tapas en dos diferentes materiales con sus respectivos pivotes donde se muestra el utensilio vertedor sujeto a una de ellas, mediante el dispositivo de sujeción, así como el pivote contenido en la tapa y su ensanchamiento.

Figura 5 vista lateral de una tapa donde se muestra el pivote de forma cilíndrica y su ensanchamiento.

Figura 6 vista lateral posterior del utensilio vertedor donde se muestra en su mango un acercamiento de la perforación con forma de dos círculos interseccionados, así como la dirección de desplazamiento del pivote.

DESCRIPCIÓN

La presente invención se refiere a una tapa (2) de plástico o metal, con un dispositivo de sujeción para una cuchara o utensilio vertedor (3) elaborado en plástico o metal, dicha tapa puede ser empleada para diferentes tipos de recipientes o contenedores (1) preferentemente para aquellos destinados a resguardar diferentes tipos de recipientes o contenedores (1) preferentemente para aquellos destinados a resguardar productos como alimentos o sustitutos en presentación granulada o pulverizada. Dicho dispositivo se compone de dos elementos los cuales conforman la unidad de invención, el primero de ellos consta de un pivote cilíndrico (4) de entre 3 mm y 5 mm de diámetro y entre 3 mm y 8 mm de largo, el cual puede formar un solo cuerpo con la tapa o puede ser adherido en uno de sus extremos por medio de diferentes mecanismos como adhesivos o remache. Dicho pivote (4) presenta en su otro extremo una cabeza o ensanchamiento (5) que forma parte del mismo cuerpo, dicha cabeza se puede presentar en forma de disco, gota o esfera (5) el cual puede tener diámetro de entre 4 mm y 7 mm. El segundo elemento que integra la unidad de invención consta de una perforación (6) en forma de dos círculos interseccionados localizada en el mango de una cuchara o utensilio comúnmente utilizado para verter productos en polvo, el diseño de dicha perforación consta de dos círculos de diferente diámetro unidos entre sí, uno de ellos (7) de entre 3 mm y 9 mm y otro de ellos (8) entre 4 mm y 10 mm y dejando una sección abierta entre ellos (9), de manera que la figura descrita simule un numero 8 abierto dejando una abertura (9) en la intersección de los dos círculos. Dicha unidad de invención se complementa con su uso, el cual se basa primordialmente en la sujeción de la cuchara o utensilio vertedor (3) a la superficie interna de la tapa (2) del contenedor, esta sujeción se realiza mediante la inserción total del pivote (4) de la tapa al círculo de mayor diámetro (8) que conforma la perforación en el mango de la cuchara o utensilio vertedor, para que posteriormente y mediante un desplazamiento recto del pivote (4) hacia el circulo de menor diámetro (7) a través de la apertura entre los dos círculos (9) que integran la perforación del mango se genere una traba entre las dos piezas, de manera que todo el cuerpo de la cuchara o utensilio vertedor (3) quede sujeto a la superficie interna de la tapa (2) impidiendo dicha traba el movimiento horizontal y quedando sujeta de manera vertical a través de la cabeza o ensanchamiento (5) que posee el pivote, el cual al ser de mayor grosor que el circulo de menor dimensión (7) crea una obstrucción sobre la misma, impidiendo el movimiento en dicha dirección.

Para separar la cuchara o utensilio vertedor (3) de la tapa (2) basta con ejercer una fuerza considerable para liberar el pivote (4) de la traba generada con el circulo de menor diámetro (7) de la perforación (6) del mango de la cuchara y desplazarlo hacia el circulo de mayor tamaño (8) para que con un movimiento vertical pase a través de él y sea retirado de dicho mango.

REIVINDICACIONES

Un conjunto de tapa (2) y un utensilio vertedor (3) para un contenedor (1) cilíndrico preferentemente utilizado para almacenar productos en polvo o granulados, caracterizado porque comprende; de un utensilio vertedor (3) adherido a la tapa (2) mediante un medio de acoplamiento de fricción el cual consta de un pivote (4) que retiene a dicho utensilio vertedor (3), dicho pivote (4) forma parte del cuerpo de la tapa (2) y retiene al utensilio vertedor (3) de manera que este puede ser retirado y colocado nuevamente mediante el desplazamiento de fricción horizontal entre el pivote (4) y una perforación ubicada en el mango del utensilio vertedor (3).

Un conjunto de tapa (2) y utensilio vertedor (3) de conformidad a la reivindicación 1, caracterizado porque el utensilio vertedor (3) está conectado a la tapa (2) a través de un pivote (4) el cual se encuentra en el centro de la superficie interna de la tapa (2).

El conjunto de tapa (2) y el utensilio vertedor (3) de conformidad a la reivindicación 1, caracterizado porque el pivote (4) forma un solo cuerpo con la tapa (2).

El conjunto de tapa (2) y el utensilio vertedor (3) de conformidad a la reivindicación 1, caracterizado además porque el pivote (4) tiene forma cilíndrica e integra una cabeza (5) en su extremo preferentemente en forma de disco, gota o esfera.

El conjunto de tapa (2) y el utensilio vertedor (3) de conformidad a la reivindicación 1, caracterizado porque la tapa (2) y el pivote (4) están moldeados integralmente a partir de un material polimérico.

El conjunto de tapa (2) y el utensilio vertedor (3) de conformidad a la reivindicación 1, caracterizado porque el utensilio vertedor (3) integra una porción de cuenco y una porción de mango a lo largo de su cuerpo.

El conjunto de tapa (2) y el utensilio vertedor (3) de conformidad a la reivindicación 6 caracterizado además porque el mango del utensilio vertedor (3) contiene una perforación o apertura receptora (6) al centro de su estructura longitudinal.

El conjunto de tapa (2) y el utensilio vertedor (3) de conformidad a la reivindicación 7, caracterizado porque la perforación o apertura receptora (6) consta de dos círculos, uno de un diámetro mayor (8) y otro de un diámetro menor (7) unidos entre sí por una intersección (9), simulando así una figura en forma de "8", a través de la cual se inserta el pivote (4) para efectuar el desplazamiento de fricción y retener el utensilio vertedor (3) a la superficie interna de la tapa (2).

RESUMEN

La presente invención se refiere a una tapa de contenedor para productos en presentación granulada o pulverizada caracterizada por contar con un dispositivo de sujeción de un utensilio vertedor, dicho dispositivo como unidad de invención consta de un par de elementos, el primero es un pivote cilíndrico en la superficie interna de la tapa que puede formar parte de su cuerpo o estar adherido a ella por diferentes medios, dicho pivote presenta en su extremo una cabeza o engrosamiento, el segundo elemento consta de un utensilio vertedor con una perforación en su mango, dicha perforación presenta la forma de dos círculos, uno con un diámetro mayor y otro con un diámetro menor, ambos interseccionados entre si y con una abertura en su unión. El uso de dicha unidad de invención se basa en la inserción del pivote en el circulo mayor de la perforación de la cuchara medidora para posteriormente, con un desplazamiento generar una traba con el circulo de menor diámetro, sujetando así el cuerpo del utensilio vertedor o cuchara.

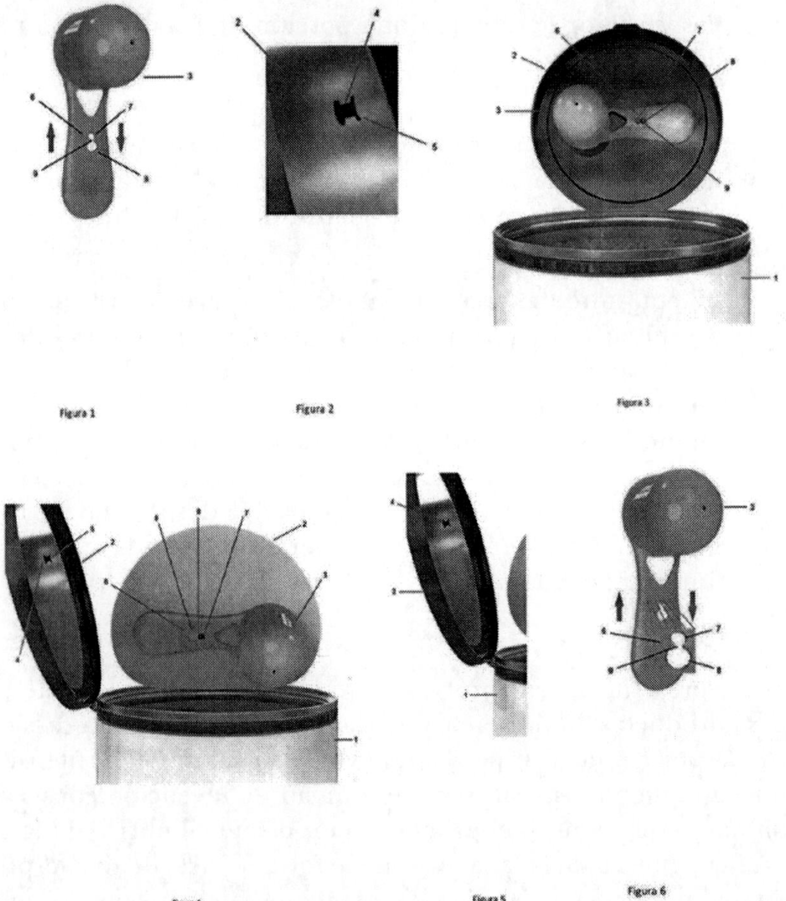

Figura 1 Figura 2 Figura 3

Figura 4 Figura 5 Figura 6

4.4. ESQUEMAS DE TRAZADO DE CIRCUITOS INTEGRADOS

Conforme al artículo 84 fracción I y II de la Ley Federal de Protección a la Propiedad Industrial se establece lo siguiente:

Circuito integrado	Producto, en su forma final o intermedia, en el que uno de los elementos que lo integran, por lo menos, sea activo y alguna o todas las interconexiones formen parte integrante del cuerpo o de la superficie de una pieza de material semiconductor, y que esté destinado a realizar una función electrónica.
Esquema de trazado o topografía	Disposición tridimensional expresada en cualquier forma, de los elementos, de los cuales uno por lo menos sea un elemento activo, y de alguna o todas las interconexiones de un circuito integrado o dicha disposición tridimensional preparada para un circuito integrado destinado a ser fabricado.

Ahora bien, derivado de la Guía de uso de Esquema de Trazados de Circuitos Integrados emitida por el IMPI, se mencionan algunos lineamientos importantes para la presentación de solicitudes.

La denominación o título debe ser breve y referirse a la naturaleza del esquema. Los nombres propios, expresiones de fantasía, indicaciones comerciales o signos distintivos, no son denominaciones permitidas.

Las hojas que contengan la descripción, la reivindicación y los dibujos, deben ordenarse, numerarse consecutivamente y cumplir con los siguientes requisitos:

- Ser de papel blanco tipo bond.
- Ser legibles de tal manera que puedan digitalizarse por fotografía.
- Estar en formato rectangular de 21.5 cm. x 28 cm. (tamaño carta), o de 21 cm. x 29.7 cm (tamaño A4).
- Contener el texto y dibujos por un solo lado y en sentido vertical.

- Contar con márgenes en blanco; mínimo de 2 cm. en el superior, inferior y derecho; y 2.5 cm en el izquierdo. Máximo de 4 cm. en el superior e izquierdo; 3 cm. en el derecho; y 3 cm. en el inferior.
  - a) Las hojas que contengan los dibujos deben presentarse sin marco y con una superficie utilizable que no exceda de 17.5 cm x 24.5 cm.
  - b) No presentar arrugas, rasgaduras o enmendaduras.
  - c) Estar razonablemente exentas de borraduras y no contener correcciones, tachaduras e interlineaciones.

La escritura de los textos de la descripción y la reivindicación debe:

I. Ser mecanografiada, salvo en el caso de los símbolos y caracteres gráficos especiales que pueden escribirse en forma manuscrita o dibujarse, siempre que sea necesario.

II. Tener un espacio entre líneas de 1 1/2 o doble espacio.

III. Tener caracteres cuyas mayúsculas no sean inferiores a 0.21 cm de alto y con color negro e indeleble.

La descripción debe:

I. Indicar la denominación o el título de esquema de trazado de circuito integrado, tal como fue escrito en la solicitud.

II. Señalar la función electrónica específica que realiza el circuito integrado.

III. Contener, en su caso, la numeración de las distintas figuras o dibujos, haciendo referencia a cada una de ellas (Industrial, 2021).

¿Cuál es la vigencia de un esquema de trazado?

El esquema de trazado tiene una vigencia de 10 años, sujeta al pago de sus correspondientes anualidades.

Ejemplo de Esquema de Trazado de Circuito Integrado

A su vez, es en la página web oficial de la Gaceta de la Propiedad Industrial, encontramos una gran variedad de expedientes, mismos que siendo de consulta pública se expondrá a manera de ejemplo didáctico la descripción correcta de un Esquema de Trazado de Circuito Integrado.

"ESQUEMA DE TRAZADO DE CIRCUITO INTEGRADO APLICABLE A UN ARREGLO DE MICROELECTRODOS PARA LA ESTIMULACIÓN ELÉCTRICA Y SELECTIVA DE LA CÓRNEA HUMANA"

DESCRIPCIÓN

La presente invención hace referencia a un esquema de trazado de circuitos integrados, diferente a los conocidos, que nos permite estimular eléctricamente y de manera selectiva la córnea humana con la finalidad de restaurar y/o regenerar la visión en pacientes con baja agudeza visual o ceguera.

La fig. 1 es una vista topográfica del esquema de trazado del arreglo de microelectrodos para la estimulación eléctrica y selectiva de la córnea humana.

La fig. 2 es una vista de la máscara de metalización que permite definir los contactos eléctricos, pistas metálicas y arreglo de microelectrodos.

La fig. 3 es una vista amplificada de la máscara de metalización que muestra a detalle el arreglo de microelectrodos de estimulación selectiva.

La fig. 4 es una vista de la máscara de vías que permite el contacto eléctrico entre la primera capa de metalización y la córnea.

La fig. 5 es una vista de la máscara de aislamiento que permite pasivar la primera capa de metalización y definir la geometría del dispositivo de estimulación eléctrica.

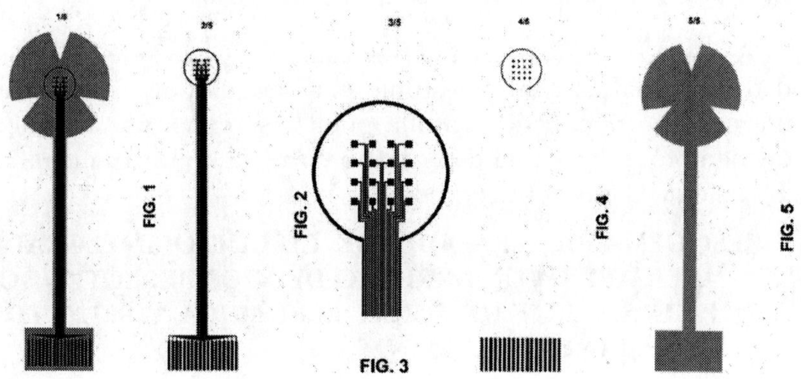

REIVINDICACIÓN

Esquema de Trazado de Circuito Integrado aplicable a un arreglo de microelectrodos para la estimulación eléctrica y selectiva de la córnea humana, tal como se ha referido e ilustrado. (IMPI, 2022)

4.5. MOTORES DE BÚSQUEDA TECNOLÓGICA

Hoy en día existen diferentes páginas web en las que se pueden realizar búsquedas de invenciones, esto nos ayudará a tener una idea del grado de innovación de nuestro invento. Las páginas web de acceso libre al público que más se utilizan son:

https://worldwide.espacenet.com/
www.google.com/patents/
https://www.uspto.gov/patents/search
https://patentscope.wipo.int/search/es/search.jsf
https://siga.impi.gob.mx/newSIGA/content/common/principal.jsf

Es importante realizar este sondeo, porque durante el examen de fondo se consultan página de acceso público como las anteriores mencionadas y bases de datos privados. para patentar tu invento, es importante recordar que la búsqueda de la novedad se realiza globalmente, aunque la protección será territorial, que en este caso sería en México donde tendrás tu derecho reconocido.

Capítulo 5

Signos distintivos

¿A que nos referimos cuando hablamos de signos distintivos?

Básicamente son la fuente de las macas, aviso comercial e imagen comercial, pues su principal característica es distinguir en el mercado los productos o servicios frente a la competencia, mediante nombres, imágenes, objetos, etc.

5.1. MARCAS

En México se ha transformado constantemente la definición del concepto, y actualmente se amplió el termino llevada de la mano con la nueva disposición, que establece el artículo 171 que se describe a continuación:

Se entiende por marca todo signo perceptible por los sentidos y susceptible de representarse de manera que permita determinar el objeto claro y preciso de la protección, que distinga productos o servicios de otros de su misma especie o clase en el mercado. (Ley Federal de Protección a la Propiedad Industrial, 2020)

Las marcas se dividen de la siguiente manera:

Marcas

- Tradicionales
    1. Mixta
    2. Nominativa
    3. Innominada
    4. Tridimensional

5. Colectiva
6. Notoriamente Conocida
7. Famosa

- No tradicionales
    1. Marca de certificación
    2. Marca de certificación con Indicación Geográfica
    3. Marca Sonora
    4. Marca Holográfica
    5. Marca Olfativa
    6. Imagen Comercial (Trade dress)
- Emblemáticas (no es marca, pero sí de la familia signo distintivo)
    1. Denominación de origen
    2. Indicación geográfica

5.1.1. Marca Innominada

Se compone de solo diseño, por ejemplo:

5.1.2. Marca Nominativa

Se compone de solo el nombre, por ejemplo:

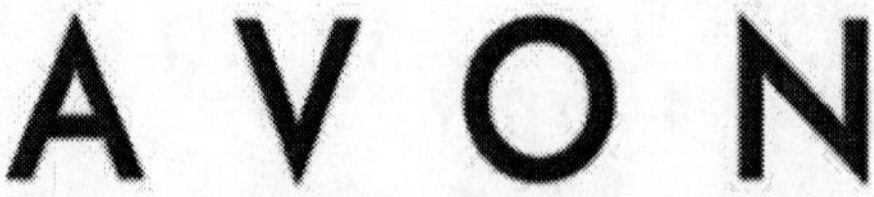

5.1.3. Marca Tridimensional

Se enfoca en el envase del producto, es decir su contenedor, por ejemplo:

5.1.4. Marca Mixta

Está conformada por el nombre y diseño, por ejemplo:

5.1.5. Marca Sonora

Se conforma por sonidos o combinaciones de estos que, como las marcas tradicionales, su fin es distinguirse por productos o servicios entre competidores y puede ser representados de las siguientes formas:

- **Pentagrama** - Conjunto de cinco líneas horizontales, paralelas y equidistantes, que sirve de soporte a la escritura musical.

- **Fonograma** - Letra o conjunto de letras que representan un fonema. Registro del sonido en soportes especiales que permiten su reproducción.

- **Onomatopeya** - Formación de una palabra por imitación.

5.1.6. Marca Olfativa

Se compone por el aroma del producto o establecimiento y cabe destacar, el aroma debe representarse textualmente, aunque se puede anexar una visualmente porque una muestra física, está con el paso del tiempo perdería sus propiedades y, por consiguiente, no serviría porque el aroma de la marca cambiaría.

> **Tip** – La Marca olfativa debe describirse de forma simple y evitar información técnica.

Puede utilizarse como ejemplo, las siguientes descripciones:

- "Olor a hierba recién cortada"
- "Un aroma o fragancia floral que recuerda al de las rosas"
- "Con el olor acre de la cerveza amarga"

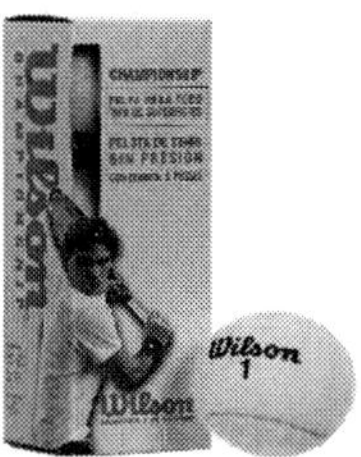

5.1.7. Marca holográfica

Se compone por una representación gráfica del holograma, que es una sola imagen; cabe destacar, dicha descripción debe tener una explicación del efecto holográfico.

5.1.8. Marca de certificación

En el portal web del Instituto Mexicano de la Propiedad (IMPI), lo define de la siguiente manera:

> Signo que distingue productos y servicios cuyas cualidades u otras características que han sido certificadas por su titular, tales como: Los componentes de los productos; Las condiciones bajo las cuales los productos han sido elaborados o los servicios prestados; La calidad, procesos u otras características de los productos o servicios; y El origen geográfico de los productos (Instituto Mexicano de la Propiedad Industrial, 2018).

5.1.9. Marca de certificación con Indicación Geográfica

La ley de la materia lo establece en su artículo 184 que a la letra dice:

> La marca de certificación podrá estar conformada por el nombre de una zona geográfica o contener dicho nombre, u otra indicación conocida por hacer referencia a la citada zona, que identifique un producto o servicio como originario de la misma, cuando determinada calidad, reputación, u otra característica del producto o servicio sea imputable fundamentalmente a su origen geográfico. (Ley Federal de Protección a la Propiedad Industrial, 2020)

5.1.10. Marca colectiva

Es solicitada por las asociaciones o sociedades de productores, fabricantes o comerciantes de productos, o prestadores de servicios, y se caracteriza en que los miembros tengan la misma calidad o características de sus productos y servicios en el mercado, pues así lo establece el artículo 179 de la ley de la materia. (Ley Federal de Protección a la Propiedad Industrial, 2020)

5.1.11. Marca Notoriamente Conocida

Puede ser solicitada cuando se considere que, determinada población o sectores comerciales del país, conocen la marca por las actividades comerciales llevadas a cabo en México o en el extranjero; así bien, cabe mencionar que el IMPI realiza publicaciones en su página web de las marcas notoriamente conocidas reconocidas por dicha institución.

5.1.12. Marca Famosa

Está marca se debe solicitar cuando se considere, la marca sea conocida por la mayoría del público consumidor o tenga una difusión o reconocimiento en el comercio internacional, como así lo establece el artículo 190 de la ley vigente. (Ley Federal de Protección a la Propiedad Industrial, 2020)

Asimismo, en la página oficial web del IMPI se realizan publicaciones de aquellas marcas famosas reconocidas en el país por dicho instituto.

5.2. AVISO COMERCIAL

Es aquella frase u oración que tiene por objetivo comunicar al público, los productos o servicios distintivos que ofrece el emprendedor en el mercado, como así lo establece el artículo 201 de la ley de la materia. (Ley Federal de Protección a la Propiedad Industrial, 2020)

> **Tip** – Una vez otorgado el aviso comercial, puede ser utilizado en cualquier tipografía y color.

5.3. NOMBRE COMERCIAL

Cabe mencionar, aunque no forme parte de un tipo de marca, el Nombre Comercial es una protección que, a pesar de ser obsoleto, hoy en día se sigue utilizando, siendo que en el artículo 206 del ordenamiento jurídico de la materia:

> El nombre comercial de una empresa o establecimiento industrial, comercial o de servicios y el derecho a su uso exclusivo estarán protegidos, sin necesidad de registro. La protección abarcará la zona geográfica de la clientela efectiva de la empresa o establecimiento al que se aplique el nombre comercial y se extenderá a toda la República si existe difusión masiva y constante a nivel nacional del mismo. (Ley Federal de Protección a la Propiedad Industrial, 2020)

¿Te conviene registrar un nombre comercial o una marca?

Está cuestión se responde dependiendo del tipo de negocio que poseas y el alcance que quieres, por ejemplo, si tienes un negocio de Abarrotes el cual no tienes planes de expansión y eres conocido en un radio menor a 20 kilómetros, entonces tu perfil encaja en un nombre comercial, sin embargo, si el negocio que posees o vas a emprender tienes mentalizado que tendrá presencia a nivel nacional y tienes un nombre y diseño al cual deseas proteger, entonces entras en el parámetro de una marca.

5.4. IMAGEN COMERCIAL (TRADE DRESS)

Este es uno de los nuevos modelos que pueden ser salvaguardados por la ley mexicana, busca proteger aquella diversidad de elementos operativos, de imagen, tamaño, diseño, color, disposición de la forma, etiqueta, empaque, decoración o cualquier otro que, al combinarse, distingan productos o servicios en el mercado (Instituto Mexicano de la Propiedad Industrial, 2019, párrafo primero).

5.5. DENOMINACIONES DE ORIGEN

Se encuentra encaminado en proteger el producto vinculado a una zona geográfica de la que es originario, teniendo especial característica la calidad del producto, misma que se debe al origen geográfico de las materias primas, procesos de producción y los factores naturales y culturales que influyen en el producto final, establecido por el artículo 264 del ordenamiento jurídico de la materia. (Ley Federal de Protección a la Propiedad Industrial, 2020)

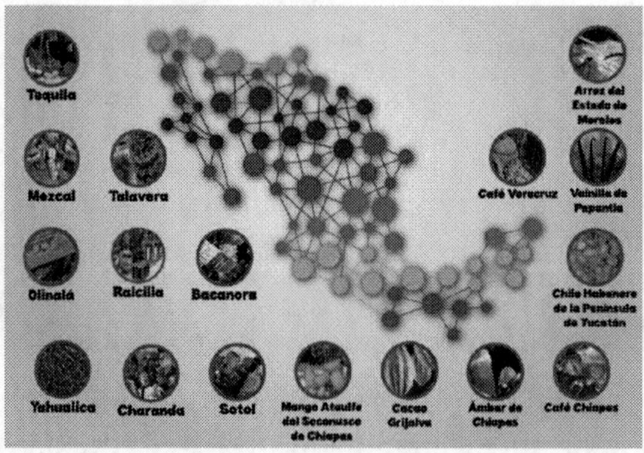

¿Cuántas denominaciones de origen tiene actualmente México?

Actualmente son 18, mismas que son: Tequila, Mezcal, Olinalá (artesanía), Talavera (loza), Bacanora (bebida), Ámbar de Chiapas, Café Veracruz, Sotol (bebida), Café Chiapas, Charanda (bebida), Mango Ataulfo, Vainilla de Papantla, Chile Habanero de la Península de Yucatán, Arroz del Estado de Morelos, Cacao Grijalva, Yahualica (chile), Raicilla (bebida) y Pluma (café).

¿Cuál es el costo por estudio de una denominación de origen?

Se paga el concepto 15a siendo un costo de $1,795.42 pesos

¿Quién es el titular en una denominación de origen en México?

El Estado Mexicano y podrá expedir autorización mediante el Instituto Mexicano de la Propiedad Industrial, a las personas físicas o morales que deseen utilizarla.

5.6. INDICACIÓN GEOGRÁFICA

Se utiliza esta figura jurídica para identificar los productos cuyas particularidades denotan las cualidades naturales del medio geográfico y son reconocidos como originarios de la zona, con calidad y reputación característica, pues así lo establece el artículo 265 de la ley vigente. (Ley Federal de Protección a la Propiedad Industrial, 2020)

Recientemente fue otorgada la primer Indicación Geográfica en México, siendo esta la “Seda de Cajonos”, perteneciente a los municipios de San Pedro Cajonos, San Francisco Cajonos, Santo Domingo Xagacía, San Pablo Yaganiza, San Mateo Cajonos y la agencia municipal de San Miguel Cajonos en el estado de Oaxaca. ¿y qué es exactamente la seda de cajonosEl gusano de seda del género Bombyx Mori, se ubica en la zona de Cajonos, en el

Estado de Oaxaca, en donde se alimenta de hojas de morera Criolla, Morus, mismo que produce un hilo de seda, en el cual se emplean diferentes productos, como lo son el hilado, devanado, enmadejado, teñido y elaboración de textiles (Diario Oficial de la Federación, 2022).

 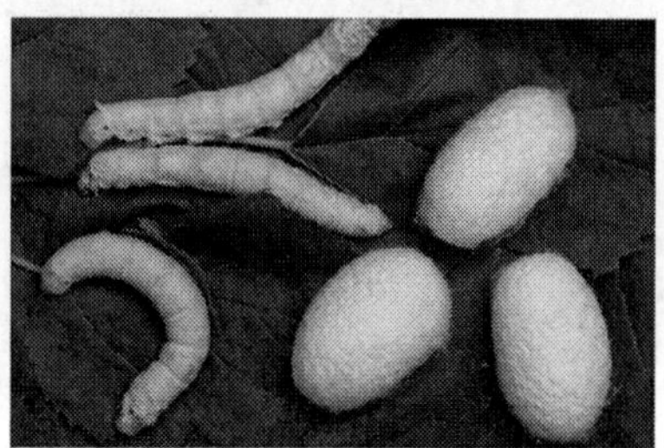

¿Puede cambiar una denominación de origen a indicación geográfica?

Sí, pero no puede subir una indicación geográfica a denominación de origen.

¿Cuál es la diferencia entre una indicación geográfica y marca?

La indicación geográfica protege un producto como procedente de un lugar en particular y una marca protege un producto o servicio característico de una empresa.

¿Cuál es el costo por estudio de una indicación geográfica?

Se paga el concepto 15a siendo un costo de $1,795.42 pesos

Capítulo 6

Registro de Signos Distintivos de P.I.

6.1. EL PROCESO DE REGISTRO DE LA MARCA

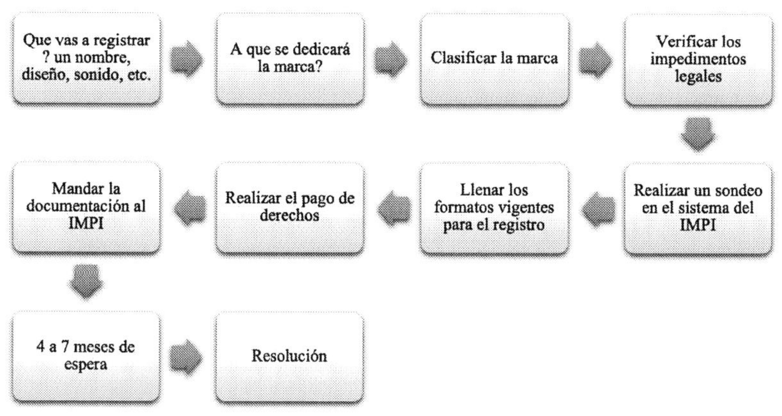

¿Qué vas a registrar?

Es importante, tener determinado lo que se quiere proteger, pues es común que solo se tenga un nombre, y por el tiempo de espera de la resolución del IMPI, conviene ingresar con nombre y diseño, puesto que el diseñador gráfico llega a tardar aproximadamente una semana realizar un diseño.

¿A qué se dedica la marca?

En esta etapa nos evocamos en desentrañar el fin que tendrá la marca, es decir, el producto o servicio que estará detrás de la marca, pues será con lo que sea identificada ante el mercado que va a incursionar, así como el público que lo consumirá.

Clasificar la marca

Existen en total 45 clases en las que se debe clasificar el servicio o producto de la marca, se puede realizar a través del siguiente link https://clasniza.impi.gob.mx/buscador. Es a través del Clasificador de Niza, mediante el cual se puede establecer el número de clase o clases en el que encuadraría la marca, puesto que puede encajar en más de una clase, y queda a elección del usuario, saber cuál o cuantas clases registrará.

Tip – El ClasNiza tiene como finalidad especificar los productos y servicios que brindará la marca.

Asimismo, se anexa la tabla de clasificación para nuestro país:

Clase 1	Productos químicos para la industria, la ciencia y la fotografía, así como para la agricultura, la horticultura y la silvicultura; resinas artificiales en bruto, materias plásticas en bruto; compuestos para la extinción de incendios y la prevención de incendios; preparaciones para templar y soldar metales; sustancias para curtir cueros y pieles de animales; adhesivos (pegamentos) para la industria; masillas y otras materias de relleno en pasta; compost, abonos, fertilizantes; preparaciones biológicas para la industria y la ciencia.
Clase 2	Pinturas, barnices, lacas; productos contra la herrumbre y el deterioro de la madera; colorantes, tintes; tintas de imprenta, tintas de marcado y tintas de grabado; resinas naturales en bruto; metales en hojas y en polvo para la pintura, la decoración, la imprenta y trabajos artísticos.
Clase 3	Productos cosméticos y preparaciones de tocador no medicinales; dentífricos no medicinales; productos de perfumería, aceites esenciales; preparaciones para blanquear y otras sustancias para lavar la ropa; preparaciones para limpiar, pulir, desengrasar y raspar.
Clase 4	Aceites y grasas para uso industrial, ceras; lubricantes; compuestos para absorber, rociar y asentar el polvo; combustibles y materiales de alumbrado; velas y mechas de iluminación.

Clase 5	Productos farmacéuticos, preparaciones para uso médico y veterinario; productos higiénicos y sanitarios para uso médico; alimentos y sustancias dietéticas para uso médico o veterinario, alimentos para bebés; suplementos alimenticios para personas o animales; emplastos, material para apósitos; material para empastes e impresiones dentales; desinfectantes; productos para eliminar animales dañinos; fungicidas, herbicidas.
Clase 6	Metales comunes y sus aleaciones, menas; materiales de construcción y edificación metálicos; construcciones transportables metálicas; cables e hilos metálicos no eléctricos; pequeños artículos de ferretería metálicos; contenedores metálicos de almacenamiento y transporte; cajas de caudales.
Clase 7	Máquinas, máquinas herramientas y herramientas mecánicas; motores, excepto motores para vehículos terrestres; acoplamientos y elementos de transmisión, excepto para vehículos terrestres; instrumentos agrícolas que no sean herramientas de mano que funcionan manualmente; incubadoras de huevos; distribuidores automáticos.
Clase 8	Herramientas e instrumentos de mano que funcionan manualmente; artículos de cuchillería, tenedores y cucharas; armas blancas; maquinillas de afeitar.
Clase 9	Aparatos e instrumentos científicos, de investigación, de navegación, geodésicos, fotográficos, cinematográficos, audiovisuales, ópticos, de pesaje, de medición, de señalización, de detección, de pruebas, de inspección, de salvamento y de enseñanza; aparatos e instrumentos de conducción, distribución, transformación, acumulación, regulación o control de la distribución o del consumo de electricidad; aparatos e instrumentos de grabación, transmisión, reproducción o tratamiento de sonidos, imágenes o datos; soportes grabados o descargables, software, soportes de registro y almacenamiento digitales o análogos vírgenes; mecanismos para aparatos que funcionan con monedas; cajas registradoras, dispositivos de cálculo; ordenadores y periféricos de ordenador; trajes de buceo, máscaras de buceo, tapones auditivos para buceo, pinzas nasales para submarinistas y nadadores, guantes de buceo, aparatos de respiración para la natación subacuática; extintores.
Clase 10	Aparatos e instrumentos quirúrgicos, médicos, odontológicos y veterinarios; miembros, ojos y dientes artificiales; artículos ortopédicos; material de sutura; dispositivos terapéuticos y de asistencia para personas discapacitadas; aparatos de masaje; aparatos, dispositivos y artículos de puericultura; aparatos, dispositivos y artículos para actividades sexuales.
Clase 11	Aparatos e instalaciones de alumbrado, calefacción, enfriamiento, producción de vapor, cocción, secado, ventilación y distribución de agua, así como instalaciones sanitarias.
Clase 12	Vehículos; aparatos de locomoción terrestre, aérea o acuática.

Clase 13	Armas de fuego; municiones y proyectiles; explosivos; fuegos artificiales.
Clase 14	Metales preciosos y sus aleaciones; artículos de joyería, piedras preciosas y semipreciosas; artículos de relojería e instrumentos cronométricos.
Clase 15	Instrumentos musicales; atriles para partituras y soportes para instrumentos musicales; batutas.
Clase 16	Papel y cartón; productos de imprenta; material de encuadernación; fotografías; artículos de papelería y artículos de oficina, excepto muebles; adhesivos (pegamentos) de papelería o para uso doméstico; material de dibujo y material para artistas; pinceles; material de instrucción y material didáctico; hojas, películas y bolsas de materias plásticas para embalar y empaquetar; caracteres de imprenta, clichés de imprenta.
Clase 17	Caucho, gutapercha, goma, amianto y mica en bruto o semielaborados, así como sucedáneos de estos materiales; materias plásticas y resinas en forma extrudida utilizadas en procesos de fabricación; materiales para calafatear, estopar y aislar; tuberías, tubos y mangueras flexibles no metálicos.
Clase 18	Cuero y cuero de imitación; pieles de animales; artículos de equipaje y bolsas de transporte; paraguas y sombrillas; bastones; fustas, arneses y artículos de guarnicionería; collares, correas y ropa para animales.
Clase 19	Materiales de construcción no metálicos; tuberías rígidas no metálicas para la construcción; asfalto, pez, alquitrán y betún; construcciones transportables no metálicas; monumentos no metálicos.
Clase 20	Muebles, espejos, marcos; contenedores no metálicos de almacenamiento o transporte; hueso, cuerno, ballena o nácar, en bruto o semielaborados; conchas; espuma de mar; ámbar amarillo.
Clase 21	Utensilios y recipientes para uso doméstico y culinario; utensilios de cocina y vajilla, excepto tenedores, cuchillos y cucharas; peines y esponjas; cepillos; materiales para fabricar cepillos; material de limpieza; vidrio en bruto o semielaborado, excepto vidrio de construcción; artículos de cristalería, porcelana y loza.
Clase 22	Cuerdas y cordeles; redes; tiendas de campaña y lonas; toldos de materias textiles o sintéticas; velas de navegación; sacos para el transporte y almacenamiento de mercancías a granel; materiales de acolchado y relleno, excepto papel, cartón, caucho o materias plásticas; materias textiles fibrosas en bruto y sus sucedáneos.
Clase 23	Hilos e hilados para uso textil.
Clase 24	Tejidos y sus sucedáneos; ropa de hogar; cortinas de materias textiles o de materias plásticas.
Clase 25	Prendas de vestir, calzado, artículos de sombrerería.

Clase 26	Encajes, cordones y bordados, así como cintas y lazos de mercería; botones, ganchos y ojetes, alfileres y agujas; flores artificiales; adornos para el cabello; cabello postizo.
Clase 27	Alfombras, felpudos, esteras y esterillas, linóleo y otros revestimientos de suelos; tapices murales que no sean de materias textiles.
Clase 28	Juegos y juguetes; aparatos de videojuegos; artículos de gimnasia y deporte; adornos para árboles de Navidad.
Clase 29	Carne, pescado, carne de ave y carne de caza; extractos de carne; frutas y verduras, hortalizas y legumbres en conserva, congeladas, secas y cocidas; jaleas, confituras, compotas; huevos; leche, quesos, mantequilla, yogur y otros productos lácteos; aceites y grasas para uso alimenticio.
Clase 30	Café, té, cacao y sus sucedáneos; arroz, pastas alimenticias y fideos; tapioca y sagú; harinas y preparaciones a base de cereales; pan, productos de pastelería y confitería; chocolate; helados cremosos, sorbetes y otros helados; azúcar, miel, jarabe de melaza; levadura, polvos de hornear; sal, productos para sazonar, especias, hierbas en conserva; vinagre, salsas y otros condimentos; hielo.
Clase 31	Productos agrícolas, acuícolas, hortícolas y forestales en bruto y sin procesar; granos y semillas en bruto o sin procesar; frutas y verduras, hortalizas y legumbres frescas, hierbas aromáticas frescas; plantas y flores naturales; bulbos, plantones y semillas para plantar; animales vivos; productos alimenticios y bebidas para animales; malta.
Clase 32	Cervezas; bebidas sin alcohol; aguas minerales y carbonatadas; bebidas a base de frutas y zumos de frutas; siropes y otras preparaciones para elaborar bebidas sin alcohol.
Clase 33	Bebidas alcohólicas excepto cervezas; preparaciones alcohólicas para elaborar bebidas.
Clase 34	Tabaco y sucedáneos del tabaco; cigarrillos y puros; cigarrillos electrónicos y vaporizadores bucales para fumadores; artículos para fumadores; cerillas.
Clase 35	Publicidad; gestión, organización y administración de negocios comerciales; trabajos de oficina.
Clase 36	Servicios financieros, monetarios y bancarios; servicios de seguros; negocios inmobiliarios.
Clase 37	Servicios de construcción; servicios de instalación y reparación; extracción minera, perforación de gas y de petróleo
Clase 38	Servicios de telecomunicaciones.
Clase 39	Transporte; embalaje y almacenamiento de mercancías; organización de viajes.

Clase 40	Tratamiento de materiales; reciclaje de residuos y desechos; purificación del aire y tratamiento del agua; servicios de impresión; conservación de alimentos y bebidas.
Clase 41	Educación; formación; servicios de entretenimiento; actividades deportivas y culturales.
Clase 42	Servicios científicos y tecnológicos, así como servicios de investigación y diseño conexos; servicios de análisis industrial, investigación industrial y diseño industrial; control de calidad y servicios de autenticación; diseño y desarrollo de equipos hardware y software.
Clase 43	Servicios de restauración (alimentación); hospedaje temporal.
Clase 44	Servicios médicos; servicios veterinarios; tratamientos de higiene y belleza para personas o animales; servicios de agricultura, acuicultura, horticultura y silvicultura.
Clase 45	Servicios jurídicos; servicios de seguridad para la protección física de bienes materiales y personas; servicios personales y sociales prestados por terceros para satisfacer necesidades individuales

Aunque se puede colocar toda la descripción que maneja la clase, es importante señalar que la recomendación es ajustarse solo a lo que se empleara la marca a corto y mediano plazo; para ello, se aconseja ir directamente al portal web https://clasniza.impi.gob.mx/buscador y buscar en su respectiva la clase a detalle, para ser enfocar el mercado de la marca, por ejemplo:

Clase 25.- Prendas de vestir, calzado, artículos de sombrerería.	✗
Clase 25.- Abrigos y chaquetas de piel; Bandas antisudor de tenis; Botas de gimnasio.	✓

Clase 43.- Servicios de restauración (alimentación); hospedaje temporal.	
Clase 43.- Preparación de alimentos para su consumo a través de una pastelería; Servicios de cafetería.	

Impedimentos legales

Antes de continuar con los demás pasos, hay que verificar si lo que deseamos registrar, no transgrede derechos de tercero, mismo que se encuentra establecido en el artículo 173 de la ley federal de protección a la propiedad industrial.

Sondeo en el sistema del IMPI

Hay que verificar que tan factible es el nombre que queremos registrar, por lo que debemos entrar en el siguiente link https://acervomarcas.impi.gob.mx:8181/marcanet/vistas/common/datos/bsqFoneticaCompleta.pgi y colocando la clase que ya se tenía y el nombre que se pretende registrar, el sistema arrojará un listado de 300 similitudes, de ello debemos analizar si nuestra marca tiene posibilidades o no de un registro.

A su vez, cabe recalcar que hay que tomar varios factores para determinar si es factible o no el nombre de la marca, pues el análisis parte de la fonética, mismo que se ejemplifica a continuación:

a) Vigencia de la marca

b) A que se dedica la marca

c) Nombre de la marca

d) Tramite iniciado o negado (ya paso el tiempo de contestar de 4 meses)

Es decir, puede que la marca que quieres registrar sea fonéticamente muy similar o igual, pero verificando en el sistema, está se enfoca en un mercado diferente, o bien, ya no se encuentra vigente, o es un trámite que negaron hace tiempo. En otro caso, el nombre de tu marca es similar a uno que se encuentra iniciado, solo se debe checar los tiempos de respuesta que le están corriendo, y eso puede ser un referente para ver si te conviene o no el nombre, pues puede que no hayan dado el nombre por otro registro similar.

Finalmente, otro factor a considerar para saber si tu nombre de marca te conviene o no, son las palabras denominadas "Uso común", pues si tú quieres registrar "Mar Fugaz" en bebidas y ves en el sistema que la palabra "Mar" se repite en más de 5 ocasiones, está ya carece de distintividad y el peso de tu marca recaerá en "Fugaz".

Aparte de realizar la búsqueda en la clase que te corresponde, debes realizarla en clases similares por la atracción que tienen las clases, si vas a registrar tu marca en la *clase 25 para ropa,* debes checar también la clase 35, porque esa clase es comodín y puede contener compra-venta de ropa; de igual manera, si quieres ingresar tu marca en la *clase 32 para bebidas gaseosas* debes verificar además la clase 35.

Llenado de formatos

Todos los formatos por llenar y vigentes se encuentran en la página web oficial del IMPI, pero si el trámite se hará en línea, se tiene que crear una cuenta en PASE para cargar ahí la información de lo que se registrará.

Pago de derechos

Depende en que vía se realice el trámite, será el costo por pagar, aunque el concepto es el 14a, si el trámite se llega a realizar de manera presencial sería $3,126.41 pesos y por el caso contrario, si el trámite es en línea sería $2,813.77 pesos.

Mandar documentación

Ya en esta etapa, se concluyó que el nombre y el diseño que se quiere registrar tiene una gran probabilidad de registro, por lo que, ya se tiene llenado la solicitud y el pago realizado, pero si todo se hizo en línea, solo es darle clic en el botón de enviar y listo; por otro lado, si se decidió presentar el trámite en ventanilla de alguna de las oficinas del IMPI, la documentación debe presentarse con una copia extra (acuse) para tener evidencia de lo presentado.

Espera de resolución

La respuesta del IMPI a la solicitud de marca es de aproximadamente 4 a 6 meses de manera presencial, y en línea es de 3 a 4 meses, pero si llega a existir alguna clase de requerimiento por parte del instituto, el periodo puede alargarse; así bien, se ejemplifica en la siguiente figura.

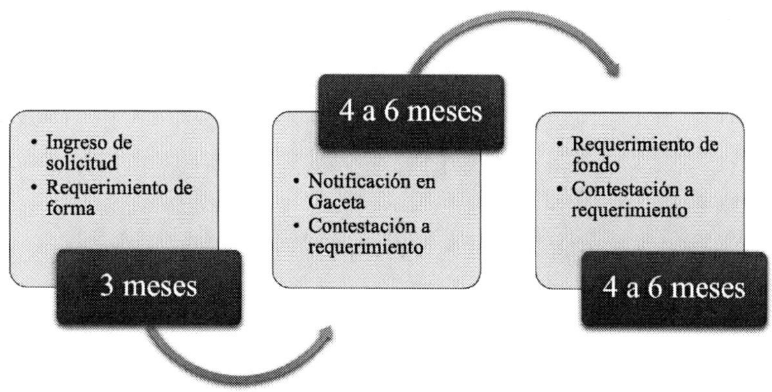

Es decir, el registro de la marca (si llegaste a contestar todos los requerimientos del IMPI de manera correcta) puede tardarse hasta 2 años en tener una respuesta, y aun así no hay una garantía de una resolución favorable.

Resolución

En esta etapa puede existir 2 escenarios:

1. Que la marca sea otorgada y ahí concluye el proceso
2. Se niegue momentáneamente la solicitud por una cita de anterioridad, es decir el examinador consideró que existe una o varias marcas iguales o similares a la solicitada, aunque todavía se puede argumentar ante el Instituto por qué no transgrede los derechos de las marcas por las cuales se negó la solicitud, se tiene 2 meses para contestar con 2 meses adicionales.

6.2. LOS IMPEDIMENTOS LEGALES

Los Impedimentos para el registro de marca se encuentran establecidos en el artículo 173 de la Ley Federal de Protección a la Propiedad Industrial, mismos que se mencionan a continuación:

Escudos, banderas o emblemas de cualquier país, Estado, municipio o divisiones políticas. (fracc. VII)

Reproducción o imitación de signos o sellos oficiales de control y garantía adoptados por un estado. (**fracc. VIII**)

Condecoraciones, medallas y demás premios en exposiciones, ferias, congresos, eventos culturales o deportivos, reconocidos oficialmente. (**fracc. IX**)

Las zonas geográficas, poblaciones, gentilicios, nombres y adjetivos, cuando indiquen la procedencia de los productos o servicios. (**fracc. X**)

Las denominaciones de origen, indicaciones geográficas, que indiquen la procedencia de los productos o servicios. (**fracc. XI**)

Lugares que se caractericen por la producción de determinados productos o servicios. (**fracc. XII**)

Nombres, apellidos, apelativos o seudónimos de personas reconocidas o famosas(**fracc. XIII**)

Títulos de obras intelectuales o artísticas, así como los títulos de publicaciones y difusiones periódicas. (**fracc. XIV**)

Los signos susceptibles de engañar al público o inducir a error, los que constituyan falsas indicaciones.(**fracc. XV**)

Signos que sean idénticos o semejantes en grado de confusión, a un nombre comercial, pendiente en estudio de registro (**fracc. XIX**)

El nombre propio de una persona física que sea idéntico o semejante en grado de confusión a una marca en trámite o ya registrada y vigente (**fracc. XX**)

Los signos iguales o semejantes en grado de confusión a marcas notoriamente conocidas en México (**fracc. XVI)**

Los signos idénticos o semejantes en grado de confusión a marcas famosas. (**fracc. XVII)**

Signos idénticos o semejantes en grado de confusión, a una marca en trámite o una registrada y vigente. (**fracc. XVIII)**

Los signos que reproduzcan o imiten denominaciones o elementos que hagan referencia a variedades vegetales protegidas, así como las razas de animales (**fracc. XXI**)

Signos solicitados de mala fe. Se entiende por mala fe, entre otros casos, cuando el registro se solicite de manera contraria a los buenos usos, costumbres y prácticas en el sistema de propiedad industrial (**fracc. XXII**)

Existen excepciones a las reglas antes mencionadas para el registro de tu marca:

a) Distintividad adquirida

b) Consentimiento

c) Periodo de Gracia

Distintividad adquirida: Se refiere a que el producto o servicio de la marca tiene un tiempo determinado en el mercado al grado que el público fácilmente lo puede identificar, ya sea el diseño o nombre de la marca, este estudio se realiza mediante un estudio de mercado para demostrarlo, recientemente fue el caso de la marca Le Roy.

Registro 2412700

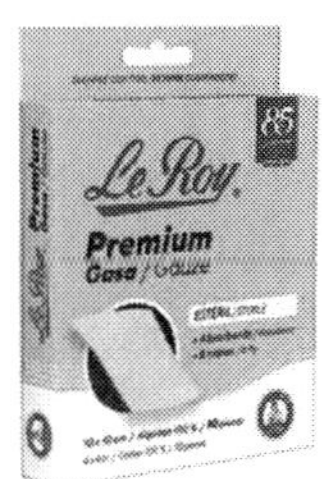

Se solicitó el color amarillo para la *clase 5* enfocada a vendas para apósitos, aunque tal cual es una variación del color amarillo, lo que ayudó a este otorgamiento fue precisamente el estudio que se acompañó, en el que detallaba la distintividad adquirida del color en función del producto emblema de la marca.

Consentimiento: Si la marca que solicitas te la llegan a negar por una similitud fonética o de diseño, puedes interponer un escrito en el que la marca con la que te comparan no tiene problema en que te otorguen la tuya, pues no habría competencia desleal, este documento debe contener la firma autógrafa del titular o representante legal, dependiendo del caso en concreto.

Periodo de Gracia: Son los 6 meses posteriores a la fecha de vigencia de una marca registrada, pues hay que recordar que las marcas tienen el termino de 6 meses antes y 6 meses después de su fecha de vigencia para realizar el trámite de renovación; es decir, si solicito una marca que aún no pasa su termino de vigencia, el IMPI me prevendrá porque aún no estoy en tiempo, solo faltará ver si me conviene contestar a esa cita de anterioridad o realizar una nueva solicitud, ¿por qué? Te lo explico con un ejemplo:

MARCA REGISTRADA	FECHA DE VIGENCIA	CADUCA
El varón rojo	10-junio-2022	10-diciembre-2022
MARCA SOLICITADA	**NOTIFICAN CITA ANTERIORIDAD**	**LÍMITE PARA CONTESTAR**
El varón rojo	10-octubre-2022	11-febrero-2023

Si ingreso la marca El Varón rojo en agosto del año 2022, el IMPI me notificará una cita de anterioridad, porque existe que se encuentra dentro de su periodo de renovación, a mí me notifican en octubre de ese mismo año, y me dan un plazo para contestar de 4 meses, entonces tengo hasta febrero del año 2023 para responder, por lo que, si no renuevan el registro que se caducaba su derecho el 10 de diciembre del año 2022, yo tengo prioridad para adquirir esa marca, solo bastaría que en mi contestación de anterioridad, le haga saber al IMPI de los tiempos, ya que no existiría impedimento alguno.

6.3. ¿TRAMITE EN LÍNEA O PRESENCIAL?

Realizar el trámite en línea tiene sus ventajas tanto económicas como en el tiempo de respuesta del IMPI, aunque en la vía presencial, se puede pedir el apoyo de una de las personas de ventanilla que fungen como recepcionistas para tener su Visto Bueno en la documentación que se está presentando, pero no existe el descuento que, si hay en el trámite en línea y el tiempo de respuesta es superior al que se lleva cabo en línea.

6.4. LA CUENTA PASE

Es a través de esta plataforma en que se realiza el trámite de registro de marca en línea, siendo el Portal de Acceso a Servicios Electrónicos (PASE) una de las herramientas más utilizadas a raíz de la pandemia desde el año 2020.

A continuación, se describen los pasos que se deben seguir para el registro de una cuenta PASE y posteriormente, el pago de un registro de marca.

Crear cuenta — Ingresar CURP — Vaciar información — Confirmar el correo electrónico

Ir a pagos — Llenar datos fiscales — Entrar formatos de pago — Seleccionar el concepto a pagar

Corroborar el monto — Palomear el folio a pagar — Escoger la modalidad de pago — Pago ya realizado

A los 2 o 3 días de haber realizado el pago, se podrá generar la factura electrónica del mismo, en el portal PASE.

Capítulo 7

El blindaje de la marca

Los titulares de los derechos de Propiedad Intelectual pueden hacer uso de ellos en beneficio propio o de sus negocios, así bien pueden disponer de ellos, como lo sería vender, ceder, transferir, compartir o conceder el uso de sus marcas, patentes, eslogan, secretos industriales, obras literarias o artísticas, a terceros ya sea de forma gratuita o alquilando.

¿En qué consiste blindar la marca?

Se enfoca en conservar los derechos de los signos distintivos frente a terceros, en este caso la marca, existen diferentes vías para resguardarlas, como se mencionan a continuación: el uso, transferencia, cesión, autorización, concesión y licencia, mismos que se conceden a través de contratos que los titulares celebran con terceros.

7.1. ¿QUÉ ES LA OPOSICIÓN?

Permite a cualquier persona oponerse a una solicitud de registro, por considerar que incurre en alguno de los impedimentos que señala los art. 173 de la Ley Federal de Protección a la Propiedad Industrial.

¿Cuál es el proceso?

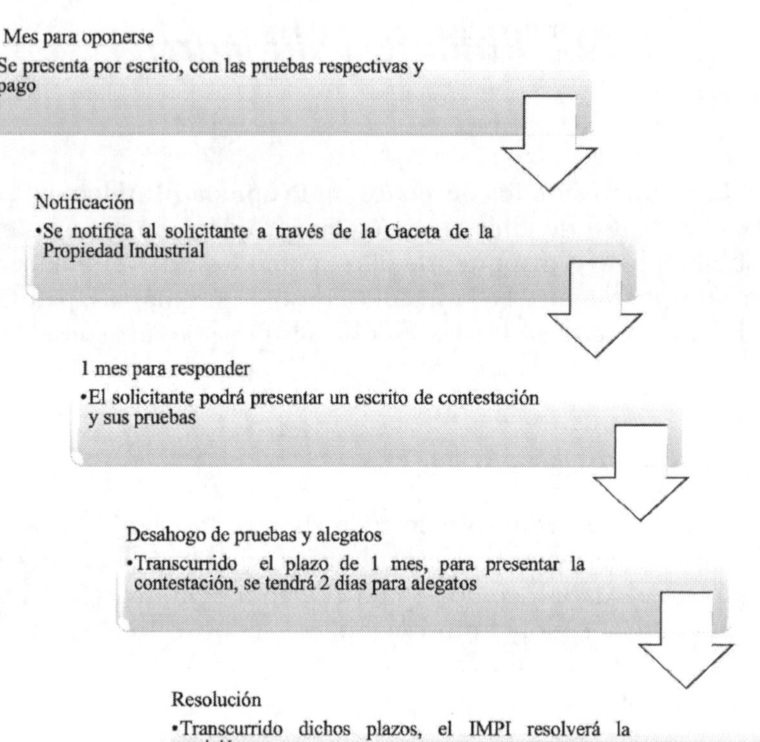

Ahora bien, es importante saber cuándo es oportuno interponer este recurso, pues si bien es cierto que se tiene salvaguardado el derecho marcario, el hecho es que no es gratis este proceso y, si la marca que está iniciando su proceso de registro, no invade nuestro mercado, no es un motivo que pueda atraer nuestro público, por ejemplo:

Clase 36	**Clase 41**
X LINMEX LÍDERES INMOBILIARIOS DE MÉXICO	XVIDEOS
Sector inmobiliario	Servicios de entretenimiento

Como se puede observar de la figura de arriba, hay una ligera similitud del diseño de la letra "X", aunque las marcas están enfocadas a mercados distintos, las demás palabras del diseño no tienen ninguna similitud fonética y el registro de la izquierda, fue ingresado en color negro; consecuentemente, la marca se estudia en conjunto, tanto los colores y palabras que se encuentran en ella, es por ello, que en lo que respecta desde mi punto de vista, no sería motivo para interponer una oposición.

Si ya tiene una oposición mi solicitud de marca ¿Es una negativa a mi registro?

No, ya que la oposición no prejuzgará sobre el resultado del registro.

¿Tiene costo interponer una oposición?

Si, por el concepto de 14b siendo la cantidad de $4,331.11 M.N.

Si yo soy el solicitante de la marca al que le están interponiendo una Oposición ¿Tengo que pagar la contestación a esa oposición?

No.

7.2. DECLARACIÓN DE USO

Únicamente los registros otorgados a partir del 10 de agosto del año 2018 deberán presentar la declaración de uso de manera obligatoria, como se menciona en el artículo 233 de la ley vigente, sin embargo, aquellos registros otorgados antes de esa fecha no tienen la obligación, y solo tendrán que esperar al momento de su renovación, pues ahora con los nuevos formatos de trámite, ya viene incrustado la declaración de uso. (Ley Federal de Protección a la Propiedad Industrial, 2020)

Tip – El costo por transmisión de derechos es por el concepto 29 siendo $ 377.89.

La declaración de uso debe presentarse en los 3 meses posteriores, siendo a partir del 3 año de concesión. En el caso de no hacer la declaración de uso, el registro caducará.

Cabe destacar, el IMPI solo requiere la solicitud y el pago oficial, para darle ingreso al trámite, sin embargo, lo jurídicamente correcto es ingresarlo con las pruebas pertinentes que demuestren el uso de la marca, publicidad, facturas, campañas de publicidad de Facebook, Instagram, entre otras redes sociales, orden de compra, etc., porque esto robustece tu declaración de uso, ya que pensando en un futuro, si llegaran a interponerte algún proceso contencioso de caducidad ante el IMPI o algún otro organismo, ya tendrás las pruebas que ingresaste en su momento ante el Instituto, pues estos, ya habrán tenido la publicidad frente a terceros.

¿Tiene costo la declaración de uso?

Sí, es por el concepto 14d que es por la cantidad de $1,143.38 M.N.

7.3. RENOVACIÓN

La renovación del registro de la marca puede tramitarse 6 meses antes y 6 meses después de la fecha de vencimiento de su vigencia. Cabe destacar, ahora con los nuevos formatos viene enlazado la declaración de uso y por consecuencia, se deben pagar ambos conceptos, como así hace referencia el artículo 237 de la ley en materia. (Ley Federal de Protección a la Propiedad Industrial, 2020)

El registro se renueva por períodos de la misma duración, que son 10 años.

En caso de no realizar la renovación de la marca ¿Perdería mi registro?

Sí, de no cumplir con los plazos establecidos por ley, no existirá prorroga.

¿Puedo limitar mis productos y/o servicios en el trámite de renovación?

Sí, pero solo sobre lo que ya está protegido, a continuación, se ejemplifica:

Como aparece en tu registro	Como lo quieres colocar	
Clase 25.- Prendas de vestir, calzado, artículos de sombrerería.	**Clase 25.-** Zapatos de caucho; zapatos de golf; zapatos de goma.	✗
Clase 25.- Prendas de vestir, calzado, artículos de sombrerería.	**Clase 25.-** Calzado	✓

¿Puedo aumentar mis productos y/o servicios en el trámite de renovación?

No, pues el trámite es sobre lo que se solicitó inicialmente en el registro de marca.

¿Tiene costo el trámite de renovación?

Sí, por el concepto de 14c que es $3,013.41 M.N. y pago Declaración de Uso que es el concepto 14d siendo $1,143.38 M.N.

7.4. TRANSMISIÓN DE DERECHOS

Los derechos que deriven de un registro o tramite de marca, podrán gravarse o transmitirse, así como inscribirse ante el IMPI para que produzca efectos ante terceros.

La fusión de empresas (personas morales) que tengan registros de marcas, eslogan, etc., deben de realizar una transmisión de derechos ante el IMPI, pues tanto producen efectos contra terceros, como queda firme quién sería el nuevo titular de todos los registros.

Hay que estar atento a la vigencia de los registros marcarios, si no se encuentra vigente el IMPI desechará la solicitud de transmisión de derechos.

¿Puedes realizar una transmisión de derechos teniendo tu marca en trámite?

Sí, solo se tiene que estar monitoreando a que el registro de marca se realice

¿Cuántos pagos se realizan por la transmisión de derechos de una marca?

Se pagarán en función del número de solicitudes, o registros solicitados

¿Cuándo vendo una marca, tengo que avisar al IMPI?

Sí, para tener efectos ante terceros y cabe recalcar, tienes que vender (transmisión de derechos) todas las marcas en grado de confusión al mismo dueño.

Capítulo 8

Licencias de uso y franquicias de signos distintivos

La licencia de uso y franquicia en el ramo de los signos distintivos son algunos de los mecanismos que se utilizan para conservar los derechos y expandir el negocio en el mercado.

8.1. LICENCIA DE USO

Es el titular de la marca, quién podrá otorgar una licencia de uso, ya sea que se encuentre registrada o en trámite de registro la marca, la particularidad de esta herramienta es que no existe un modelo de negocio a seguir como lo es el caso de una franquicia.

La inscripción de una licencia de uso ante el IMPI, solo basta con la siguiente documentación:

a) Solicitud (formato oficial)

b) Contrato

c) Pago de derechos

En la licencia de uso no se establecen directrices estrictas, pues solo se establece el uso de una marca con el producto o servicio característico de la misma, ya el planteamiento de **¿Dónde se distribuirá? ¿monto de la mercancía?**, etc.,

> **Tip** – En una sola solicitud de inscripción se puede colocar más de un registro para licenciar.

Cabe mencionar, la persona que se encuentre ejerciendo la licencia de uso de la marca, tiene que monitorear la vigencia del registro, para así realizar su respectiva renovación o declaración de uso, salvo que se haya acordado algo distinto en el contrato de origen.

¿Puedo otorgar una licencia de marca de un registro no vigente?

No, el IMPI negará dicha solicitud.

¿Cuál es el pago de derechos que se realiza por una inscripción de licencia de uso?

Se paga el concepto 32, por la cantidad de $384.77 pesos.

8.2. CANCELACIÓN DE UNA LICENCIA DE USO

Para realizar una cancelación de la inscripción de licencia de uso, deben existir los siguientes escenarios, tal y como lo marca el artículo 241 de la Ley Federal de Protección a la Propiedad Industrial, como a continuación se muestra:

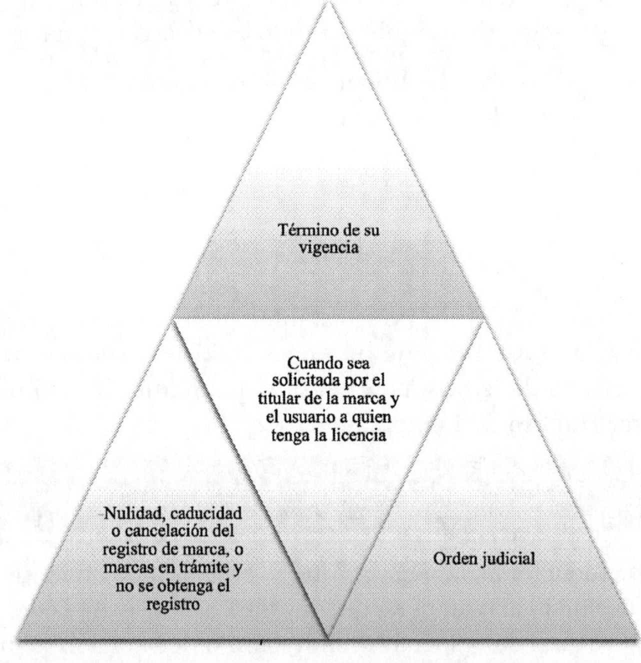

8.3. FRANQUICIA

La franquicia nace de una licencia de uso de marca, pero la particularidad es que se transmiten conocimientos técnicos y gestión del negocio, pues el modelo de negocio debe ser reproducido exactamente como lo posee el titular de la marca (franquiciante), pues son todo este conjunto de características que daría esa distinción en el mercado en que se incursionaría.

¿Cómo realizó una cancelación del contrato de franquicia?

Primeramente, no basta con que una de las partes quiera rescindir el contrato, pues tiene que ejercer una acción legal para poder concretarlo; la vía fácil es que exista un mutuo acuerdo para rescindir el contrato y este escrito se presente al IMPI, y así sea añadido al rubro de franquicia por el cual se rigen, esto también puede conllevar al pago de las indemnizaciones por los daños y perjuicios ocasionados que se hayan estipulado en el contrato.

¿Puedo emprender un negocio similar al de la franquicia que se tenía?

No, sobre todo si el conocimiento accedido por la franquicia es aplicado en el nuevo negocio, cabe recordar que la confidencialidad entre las partes debe velarse durante la vigencia y termino de la relación del contrato de la franquicia contratada.

¿Cuál es el pago de derechos que se realiza por una inscripción de franquicia?

Se paga el concepto 32, por la cantidad de $384.77 pesos.

8.4. CONTRATO DE FRANQUICIA

El contrato de franquicia es la columna vertebral del vínculo entre el franquiciante (emisor) y el franquiciatario (receptor), ya que lo estipulado, enumera todas las acciones que se deberán ejecutar y, por otro lado, serán las sanciones el mecanismo de salvaguardar el cumplimiento de estas.

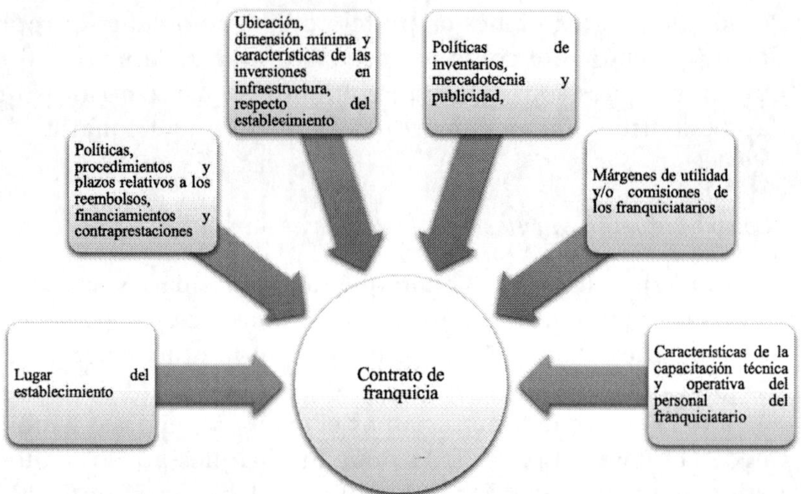

A su vez, en su artículo 246 de la ley de la materia, establece los requisitos como mínimo que debe contener el contrato, a lo que a continuación se mencionará algunos de ellos:

8.5. ¿CÓMO APLICA EL KNOW HOW?

El know how en el contexto empresarial significa "Saber Hacer el Negocio", pues es a través de aquellas decisiones y acciones a realizarse, para crecer el negocio. En el ámbito de una franquicia, es el franquiciante (emisor) quién posee esa experiencia en el mercado, misma que instruirá al franquiciatario (receptor) para manejar la marca que será empleada en el negocio.

El Know how aplicado en una franquicia se enfoca en lo administrativo y técnico, pues como ejemplo del área administrativa se tienen los siguientes planteamientos:

a) ¿De dónde se obtiene la materia prima?

b) ¿Cuál es el precio al consumidor y proveedor?

c) ¿Cuál es el proceso de atención a cliente?

d) Realizar los estudios de mercado pertinentes

e) Esquema de tareas para los empleados

f) ¿Cuál es el horario idóneo de trabajo para la zona comercial?

g) Crear el organigrama de la empresa, donde se establecerá responsabilidades, funciones y rol de cada puesto

e) Recepción y gestión de quejas y requerimientos

La aplicación y desarrollo de un buen Know How puede llevar a disminuir el índice de fracaso de todos aquellos negocios que van comenzando.

8.6. ¿CUÁL ES LA FUNCIÓN DE LA ASOCIACIÓN MEXICANA DE FRANQUICIAS?

La asociación se encarga de apoyar en el desarrollo de las franquicias en México, así como la difusión, vinculación y apoyo a los emprendedores miembros del sector comercial.

¿Cuáles son los objetivos de la Asociación Mexicana de Franquicias?

I. Desarrollar y promover acciones que permitan mejorar las condiciones en la que se encuentra el sector de Franquicias en México.

II. Organizar eventos de capacitación para los Miembros Asociados y público en general.

III. Establecer normas que promuevan el profesionalismo de las Empresas Franquiciantes y Profesionistas que participan en el sector de Franquicias en México.

IV. Participar con organismos y asociaciones públicas y privadas en la promoción del sector de Franquicias en México.

V. Representar a las franquicias ante el Sector Gobierno y gestionar ante éste acciones y legislación que permitan mejorar las condiciones en la que se encuentra el sector de Franquicias en México.

VI. Desarrollar un banco de estadísticas del sector.

VII. Trabajar conjuntamente con otros sectores de la iniciativa privada en un plan general de desarrollo, promoción y supervisión de programas privados y gubernamentales que beneficien al sector de las franquicias.

VIII. Promover y difundir el desarrollo, consolidación y dignificación del sistema de franquicias dentro de los Estados Unidos Mexicanos.

IX. Ser un órgano representativo de la industria de las franquicias en México y el extranjero, que vele por el correcto desarrollo, difusión y consolidación del sistema, ante cualquier organismo público o privado.

X. Coadyuvar con México de forma permanente para el desarrollo comercial, industrial y económico, fomentando la generación de empleos dignos y en consecuencia apoyando el crecimiento del país. (Asociación Mexicana de Franquicias, s.f.)

Capítulo 9

Derechos de Autor

La Propiedad Intelectual dentro de su alcance, se encuentra la protección de los derechos de autor, para que los autores pueden usar libremente sus obras, es decir, puedan mantenerlas inéditas, publicarlas, heredarlas, comercializarlas o transferir derechos a terceros, dicho registro en México se realiza ante el Instituto Nacional del Derecho de Autor (INDAUTOR).

El Instituto Nacional de Derechos de Autor (INDAUTOR) es un órgano administrativo desconcentrado de la Secretaría de Cultura y dentro de sus funciones se encuentran controlar y administrar el registro público del derecho de autor, promover la creación de obras literarias y artísticas y la cooperación internacional para la protección de derechos de autor (Instituto Nacional del Derecho de Autor, s.f.)

Así bien, la comercialización de las obras tiene una derrama económica no solo para los autores, sino para los involucrados como es el caso de productores, ejecutantes, actores, directores, representantes, entre otros; por consecuencia, existe un importante interés en la protección de estos derechos.

Cabe resaltar, aunque en la ley establece que las obras están protegidas desde el momento en que se plasman en un soporte material y el reconocimiento de su autoría, está ya no requiere de registro, es una recomendación que no debe practicarse, pues lo idóneo es registrar la obra ante INDAUTOR desde el momento de su creación, mismo registro tendrá efectos contra terceros que quieran utilizarlo.

9.1. ¿QUÉ ES EL DERECHO DE AUTOR?

En la ley de la materia en su artículo 11, se establece que el derecho de autor es el acreditamiento que realiza el Estado en favor de todo creador de obras literarias y artísticas (Ley Federal de Protección a la Propiedad Industrial, 2020), misma que a continuación se desglosan las obras que están acobijadas por esta ley:

Literaria
Musical, con o sin letra
Dramática
Danza
Pictórica o de dibujo
Escultórica y de carácter plástico
Caricatura e historieta
Arquitectónica
Cinematográfica y demás obras audiovisuales
Programas de radio y televisión
Programas de cómputo
Fotográfica
Obras de arte aplicado que incluyen el diseño gráfico o textil
De compilación

Por otro lado, en su artículo 14 de la Ley Federal del Derecho de Autor **NO** protege lo siguiente:

a) Las ideas en sí mismas, las fórmulas, soluciones, conceptos, métodos, sistemas, principios, descubrimientos, procesos e invenciones de cualquier tipo;

b) El aprovechamiento industrial o comercial de las ideas contenidas en las obras;

c) Esquemas, planes o reglas para realizar actos mentales, juegos o negocios;

d) Las letras, los dígitos o los colores aislados;

e) Nombres y títulos o frases aislados;

f) Los simples formatos o formularios en blanco para ser llenados con cualquier tipo de información, así como sus instructivos;

g) Las reproducciones o imitaciones, sin autorización, de escudos, banderas o emblemas de cualquier país, estado, municipio o división política equivalente, ni las denominaciones, siglas, símbolos o emblemas de organizaciones internacionales gubernamentales, no gubernamentales, o de cualquier otra organización reconocida oficialmente;

h) Los textos legislativos, reglamentarios, administrativos o judiciales, así como sus traducciones oficiales;

i) El contenido informativo de las noticias, pero sí su forma de expresión, y

j) Los refranes, dichos, leyendas, hechos, calendarios y las escalas métricas.

¿Cuáles son los requisitos para registrar una obra ante INDAUTOR?

- Pago de derechos

- Llenar el formato de solicitud de registro de obra por duplicado
- 2 ejemplares de la obra que se desea proteger

Tip – La OMPI no tiene un sistema de registro del derecho de autor ni una base de datos que permita realizar búsquedas.

¿Cuál es el costo por registrar de una obra artística o literaria?

Es el concepto del artículo 184, fracciones I, II y III, Ley Federal de Derechos, siendo $300.00 pesos.

Si los derechos de autor llegan a ser violados, es decir, si la obra se reproduce sin consentimiento del autor, se podrá demandar el pago de daños y perjuicios sin perjuicio de ejercitar las acciones civiles, penales o administrativas que resulten procedentes por la violación a los derechos reconocidos en la Ley.

9.1.1. División del Derecho de Autor

Derechos de Autor	Derecho moral	Divulgar
		Modificar obra
		Retirar obra
		Integridad de obra
		Reconocimiento autoría
		Oponerse al autor
	Derecho patrimonial	Reproducción
		Comunicación pública
		Transmisión pública
		Distribución
		Importación
		Divulgación de obras derivadas

Existe un punto importante que se debe abordar, antes de entrar de lleno al análisis de cada una de las divisiones del derecho autor y ese es la regalía, pues es la contraprestación económica que percibe el autor y su causahabiente por la transmisión de su obra por cualquier medio, por lo que, la cantidad monetaria de la regalía deberá ser convenida entre el autor o bien, la Sociedad de Gestión Colectiva que lo represente y la persona que realice la transmisión.

La regalía debe ser pagada solamente por quien realice la transmisión al autor o la Sociedad de Gestión Colectiva que lo represente.

9.2. EL DERECHO MORAL

El autor es el que tiene en primera instancia el derecho moral, ya que es el reconocimiento de la identidad del autor de la obra; asimismo, podrán autorizar e impedir determinados usos de la obra (Ley Federal de Protección a la Propiedad Industrial, 2020), conforme así lo establece la ley de la materia en su artículo 18.

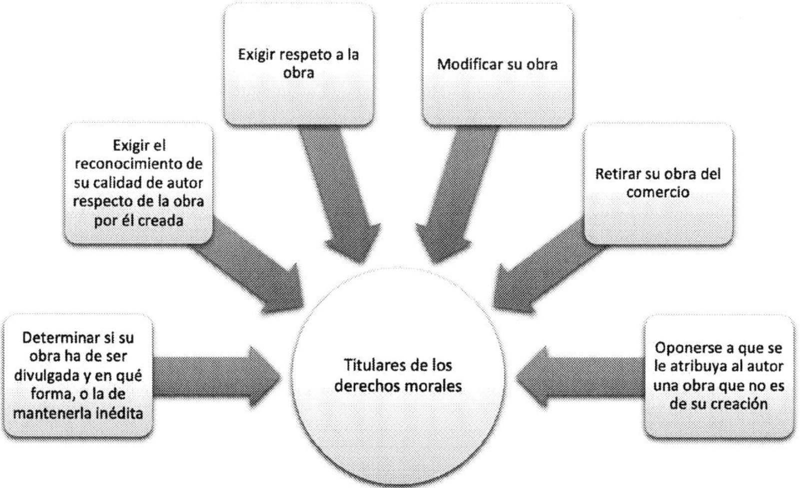

9.3. EL DERECHO PATRIMONIAL

Son los que permiten que el titular explote los derechos exclusivamente de sus obras por una compensación económica por sí o por terceros.

Los titulares de los derechos patrimoniales son: el autor de la obra, sus herederos o compradores de la obra.

Asimismo, los derechos patrimoniales de una obra pueden transmitirse por medio de contratos, convenios o licencias de uso, por escrito, ya sea permanente o temporal, fijando el monto, método de pago y procedimientos de la regalía, es decir, la retribución.

Ahora bien, la vigencia de estos derechos patrimoniales sobre los de autor es durante la vida del autor y a partir de su muerte por 100 años más y al concluir ese periodo, la obra pasará al dominio público.

9.4. EL DERECHO CONEXO

Son aquellos derechos que tienen las personas que realizan actividades relacionadas con el uso de obras protegidas; así bien, pueden ser registrados ante el Instituto Nacional de Derechos de Autor (INDAUTOR) bajo el apartado de Registro de derechos conexos.

Los poseedores de los derechos conexos son regularmente los artistas intérpretes o ejecutantes, los editores, los productores de fonogramas o videogramas y los organismos de radiodifusión.

Así bien, la vigencia de la protección a los artistas intérpretes o ejecutantes es de 75 años que comienzan a correr a partir de los siguientes escenarios, como así lo establece el numeral 122 de la ley vigente (Ley Federal del Derecho de Autor, 2020):

a) La primera fijación de la interpretación o ejecución en un fonograma.

b) La primera interpretación o ejecución de obras no grabadas en fonogramas.

c) La transmisión por primera vez a través de la radio, televisión o cualquier medio.

¿Quiénes se benefician de los derechos conexos?

1. Los artistas intérpretes y ejecutantes (a saber, los actores y los músicos), que tienen derechos sobre sus interpretaciones o ejecuciones;

Tip – El Registro Público del Derecho de Autor da publicidad a las obras y actos.

2. Los productores de fonogramas (por ejemplo, discos compactos), que tienen derechos sobre sus grabaciones sonoras; y
3. Los organismos de radiodifusión, que tienen derechos sobre sus programas de radio y de televisión.

9.5. LA OBRA DERIVADA

Es bajo esta protección que se pueden utilizar obras originales, pues son las diferentes adaptaciones o modificaciones que se vuelven diferentes y entran en este rubro, es por ello, que se ha convertido en una manera rentable de explotación en el derecho de autor.

El artículo 4 sección C fracción II de la ley de la materia enmarca la definición de una obra derivada, son obras derivadas aquellas que resulten de la adaptación, traducción u otra transformación de una obra primigenia (Ley Federal del Derecho de Autor, 2020).

Cabe resaltar, si la obra en el cual se basaran se encuentra en el dominio privado, es importante la autorización del autor para la realización de la obra derivada y es ahí, donde entra el derecho de transformación; sin embargo, si la obra se halla en el dominio público, no es requerida una autorización para realizar la obra derivada, ya que el derecho de transformación constituye un aspecto del derecho patrimonial del autor.

Uno de los ejemplos más claros de obras derivadas, es la obra de Peter Pan, creada por el escritor escocés James Matthew Barrie, en la que se han realizado diferentes adaptaciones, tanto en el cine como en el teatro y todas ellas encuadran en obra derivada.

9.6. SOMEXFON

La Sociedad Mexicana de Productores de Fonogramas, Videogramas y Multimedia (SOMEXFON) es la sociedad de gestión colectiva que tiene a su cargo la recaudación a nivel nacional, de las regalías por el uso público de música grabada del catálogo que representa (SOMEXFON, 2017).

En términos simples, si tienes un local comercial en el que estás vendiendo un producto o prestando un servicio al público y tienes reproduciendo música, de las compañías que protege este organismo, debes de pagar el impuesto correspondiente, pues "estas beneficiándote económicamente de la música", pues es un factor que incita al cliente a consumir tu producto o servicio.

¿Cuáles son las compañías disqueras que están adheridas a SOMEXFON?

> **Tip** – Cuando la música se difunde públicamente, debe pagarse por ello.

- Balboa Records
- Compañía Fonogfráfica Internacional
- D'Disa Latin Music
- Discos Y Cassettes Phoenix
- Discos y Cintas Denver
- Discos Cuidad
- Discos Musart

- EMI Music México
- Mexican Records
- Multimusic
- Multitrack
- Music Media
- Orfeón Videovox
- Peerless-MCM
- Prodcciones Fonográficas Jasper
- Universal Music México
- Univisión Music
- Urtex
- SONY Music Entretainment
- México y Warner Music México

9.7. SOCIEDADES DE GESTIÓN COLECTIVA

Se establece en el artículo 192 de la ley federal del derecho de autor, existen sociedades de gestión colectiva que, sin ánimo de lucro, protege a autores y titulares de derechos conexos nacionales y extranjeros, así como recaudar y entregar el dinero por concepto de derechos de autor o derechos conexos que se generen a su favor.

La sociedad de gestión colectiva debe tener autorización previa del Instituto Nacional del Derecho de Autor (INDAUTOR) para empezar a operar.

Los autores tienen la libre elección de afiliarse a una sociedad de gestión colectiva y tienen la opción de elegir ejercer sus derechos patrimoniales en forma individual, por conducto de apoderado o a través de la sociedad; asimismo, dichas sociedades no pueden obligar a los autores ceder la explotación, ni la totalidad de la obra o de producción futura.

> **Tip** – Las abreviaturas D.R. significan Derechos Reservados y el símbolo © significa copyright.

Es menester tener en claro, todos los actos deben ser por escrito, como lo son, convenios y contratos entre las sociedades de gestión colectiva y los autores, los titulares de derechos patrimoniales o los titulares de derechos conexos.

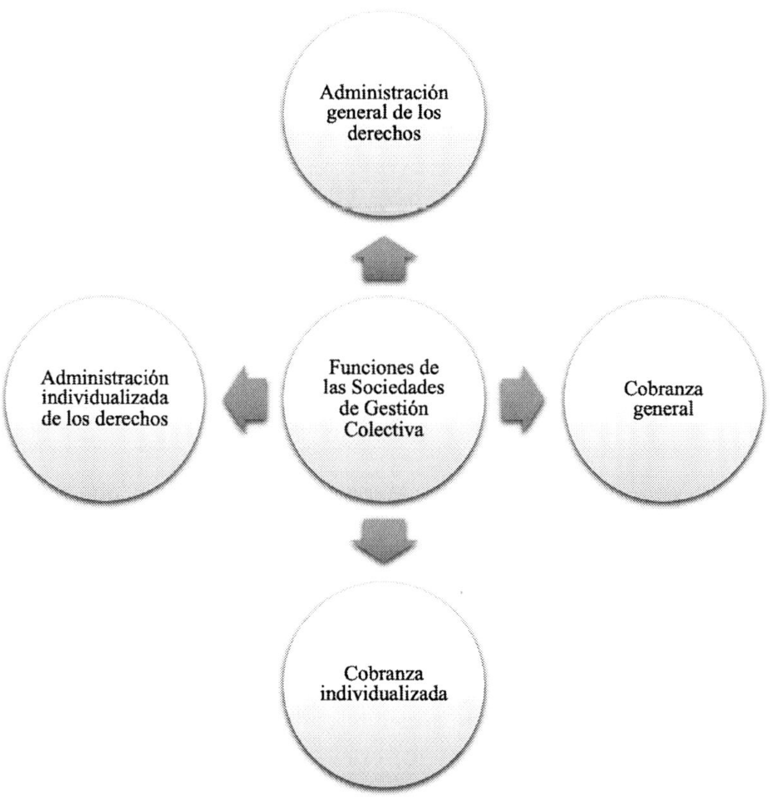

A su vez, en el artículo 203 de la ley en la materia, se desprenden las obligaciones de las sociedades de gestión colectiva, mismas que a continuación se enumeran:

- **Trato igualitario a todos los miembros y usuarios.**
- **Negociar el monto de las regalías de los usuarios.**
- **Rendir cuentas a sus miembros.**
- **Administrar los derechos patrimoniales que le sean asignados.**
- **Intervenir en la protección de los derechos morales de sus miembros.**
- **Recaudar las regalías que correspondan a sus miembros por derechos de autor.**
- **Recaudar las regalías de los autores extranjeros que sean socios de las sociedades.**

Ahora bien, ¿Quiénes son los responsables en una sociedad de gestión colectiva?, ¿existe un representante común? Se desprende del artículo 204 de la ley de la materia, que son los administradores los responsables de todo acto de la sociedad, mismos que tienen las siguientes obligaciones:

a) Responsabilizarse del cumplimiento de las obligaciones de la sociedad.

b) Responder civil y penalmente por los actos realizados por ellos durante su administración.

c) Entregar a los socios la copia de la documentación de su liquidación.

d) Proporcionar al Instituto y demás autoridades competentes la información y documentación que se requiera a la sociedad.

e) Apoyar las inspecciones que lleve a cabo INDAUTOR

f) Las demás a que se refieran esta Ley y los estatutos de la sociedad.

Cabe resaltar, las sociedades de gestión colectiva serán regidas por la Ley Federal del Derecho de Autor, su reglamento y por la Ley General de Sociedades Mercantiles.

9.8. RESERVA DE DERECHOS

Es el derecho exclusivo para usar y explotar los títulos, nombres, denominaciones, características físicas y psicológicas distintivas, o características de operación originales aplicados, como así se desprende del artículo 173 de la ley vigente, dichas singularidades son aplicadas en los siguientes conceptos:

a) Publicaciones periódicas: Editadas en partes sucesivas con variedad de contenido y que pretenden continuarse indefinidamente.

b) Difusiones periódicas: Emitidas en partes sucesivas, con variedad de contenido y susceptibles de transmitirse.

c) Personajes humanos de caracterización, o ficticios o simbólicos.

d) Personas o grupos dedicados a actividades artísticas.

e) Promociones publicitarias: Contemplan un mecanismo novedoso y sin protección tendiente a promover y ofertar un bien o un servicio, con el incentivo adicional de brindar la posibilidad al público en general de obtener otro bien o servicio, en condiciones más favorables que en las que normalmente se encuentra en el comercio; se exceptúa el caso de los anuncios comerciales.

INDAUTOR es el encargado de expedir los certificados respectivos y realizará la inscripción para proteger las reservas de derechos.

¿Cuál es el tiempo aproximado del trámite de una reserva de derechos?

La resolución del trámite es de 10 días hábiles.

La vigencia del certificado de la reserva de derechos varía dependiendo del caso en concreto, pues se enumeran en los artículos 189 y 190 de la ley federal del derecho de autor, mismos que se menciona a continuación:

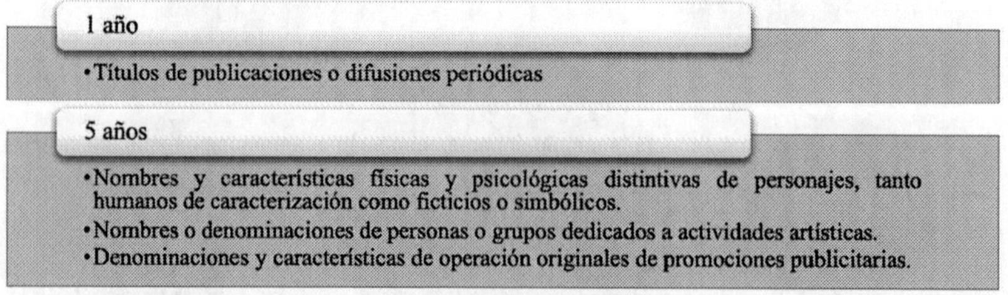

Cabe aclarar que el certificado de la reserva de derechos, siendo títulos, nombres, denominaciones o características, estos deberán ser utilizados tal y como fueron otorgados, pues cualquier variación, deben realizar un trámite nuevo.

Las reservas de derechos de autor pueden ser nulas, conforme lo establece el artículo 183 de la ley federal del derecho de autor, como se desprende a continuación:

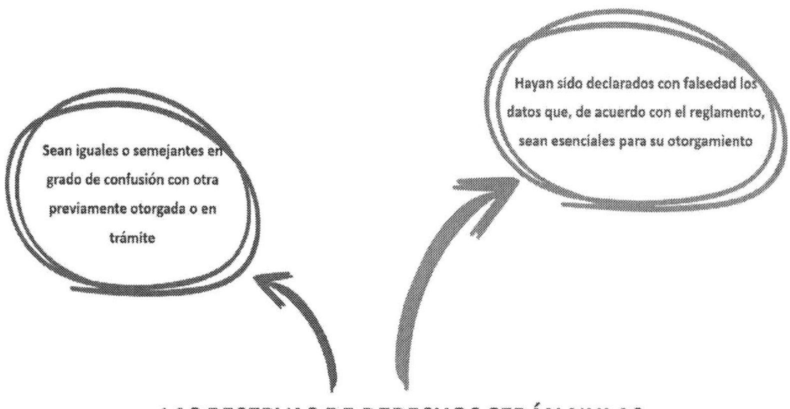

Capítulo 10

Los Procesos Contenciosos en materia de P.I.

Existen herramientas legales para hacer respetar nuestros derechos de propiedad intelectual, pues ante la violación de estos derechos, deben tomarse medidas que, entre sus consecuencias, se deberá cubrir los daños y perjuicios causados a la actividad innovadora.

10.1. ¿QUÉ PROCESO CONTENCIOSO TE CONVIENE?

Depende de la naturaleza del acto, así como la competencia de la autoridad.

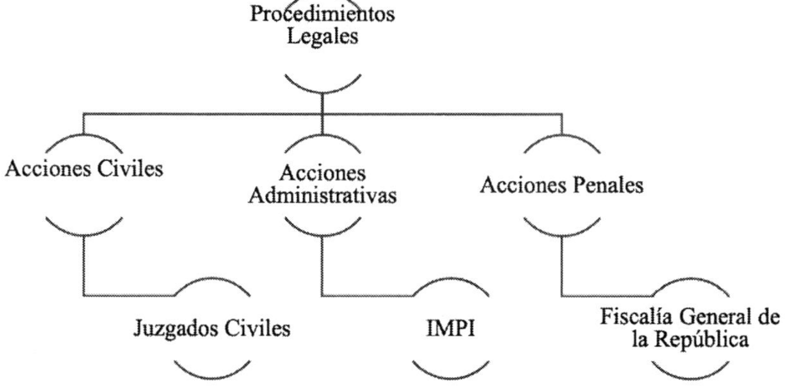

10.2. DIVISIÓN DE PROCESOS CONTENCIOSOS ANTE EL IMPI

Existen diferentes alternativas que ejecutar y así preservar la protección de un registro ante el IMPI, las acciones de defensa se dividen en las siguiente:

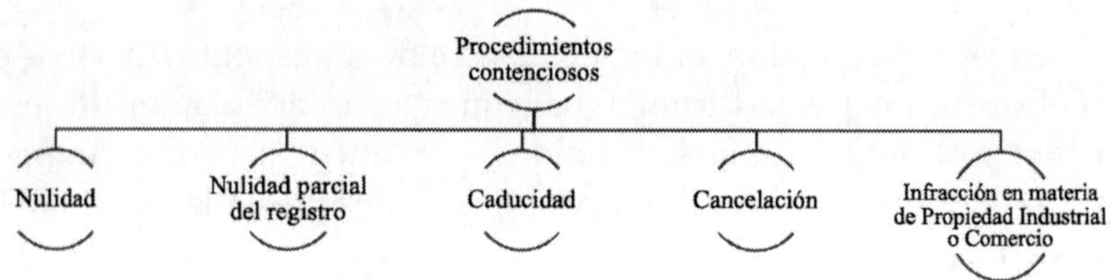

Cabe resaltar, conforme a lo establecido en el artículo 263 de la ley en materia, establece que el IMPI podrá iniciar de oficio, a solicitud parte o por el Ministerio Público Federal un proceso contencioso de una declaración de nulidad, caducidad o cancelación de registro de marca, cuando exista algún interés la Federación. (Ley Federal de Protección a la Propiedad Industrial, 2020)

¿Qué requisitos debe contener la Declaración Administrativa para ingresarla?

1. Nombre del solicitante y, en su caso, de su representante.
2. Domicilio para oír y recibir notificaciones, y una dirección de correo electrónico.
3. Nombre y domicilio de la contraparte o de su representante legal.
4. Objeto de la solicitud, detallándolo en términos claros y precisos.
5. Descripción de los hechos.
6. Pruebas que ofrezca, en su caso.
7. Fundamentos de derecho relacionados con el objeto de su solicitud.

La documentación deberá presentarse en original, copia y traslado para la contraparte; así como el pago de derechos correspondiente, conforme a lo estipulado en el artículo 330 de la ley vigente.

10.2.1. Declaración Administrativa de Nulidad

Es la acción de solicitar que se declare la nulidad de cualquiera de las figuras que contempla la Ley, otorgadas por el IMPI, conforme a los escenarios que establece el artículo 258 de la Ley Federal de Protección a la Propiedad Industrial.

¿Cuánto tiempo tengo para ejercitar esta acción?

5 años cuando:

- Registro derivado de datos falsos en la solicitud.
- Se haya otorgado por error, inadvertencia, o diferencia de apreciación, existiendo en vigor otro que se considere invadido.
- La marca sea idéntica o semejante a otra usada en el país o extranjero, teniendo el mejor derecho por uso anterior.

Cualquier tiempo:

- Se haya otorgado contrario a la Ley.
- Mala fe.
- El agente, representante, usuario o distribuidor del titular, o cualquier otra persona de una marca registrada en el extranjero, solicite y obtenga el registro, sin el consentimiento expreso del titular de la marca extranjera.

10.2.2. Nulidad parcial del registro

Esta modalidad tiene una afectación en menor escala en comparación con las demás, se podrá declarar la nulidad parcial del registro, únicamente de los productos o servicios que éste protege.

¿Cuándo puedo ejercitar esta acción?

Se encuentra establecido en el artículo 258 fracción II último párrafo en relación con la fracción VI segundo párrafo del mismo artículo, estable que se podrá solicitar dentro de un plazo de 5 años, contado a partir de la fecha en que surta sus efectos la publicación del registro en la Gaceta. (Ley Federal de Protección a la Propiedad Industrial, 2020)

La resolución del IMPI realizará una anotación en el título marcario, en la cual se harán constar los productos o servicios que hayan sido modificados.

¿Cuál es el pago de derechos por este trámite?

Se paga el concepto 16 siendo un costo de $1,564.27 pesos.

¿Qué pruebas se deben anexar?

Las que acrediten la falta de uso de un producto o servicio.

¿Cuál es el tiempo aproximado del proceso de nulidad parcial?

Depende de la gestión del solicitante, regularmente es entre uno o dos años.

¿Se puede solicitar visita de inspección para la nulidad parcial?

Sí. Cabe destacar, dicho proceso se sujeta a las reglas de un proceso contencioso que establece la Ley Federal de Protección a la Propiedad Industrial.

Este mecanismo vino a sentar un precedente, ya que ahora que se solicite un registro de marca, es oportuno tener una especificación clara de los productos o servicios que se pretenden registrar, pues ya no es conveniente colocar las generalidades de la clase que arroja el Clasificador de Niza, es decir, si un tercero solicita una marca similar a la tuya (especificando en su clase) y está es negada por tu registro (tiene toda la generalidad de la clase), puede tener generar en un proceso contencioso de Nulidad Parcial en contra tuya, esto porque tú tienes tu registro con la generalidad de la clase, misma en la que no haces uso en su totalidad.

10.2.3. Declaración administrativa de caducidad

Esta figura jurídica conforme a lo establecido en el artículo 260 de Ley Federal de Protección a la Propiedad Industrial, se aplica en los siguientes escenarios:

- No se renueve el registro.
- La marca haya dejado de usarse durante los 3 años consecutivos inmediatos anteriores a la solicitud de declaración administrativa de caducidad, salvo que exista causa justificada.
- El registro podrá caducar parcialmente los productos o servicios en los que no se acredite el uso, salvo que exista causa justificada.
- No se realice la declaración de uso real y efectivo.

10.2.4. Declaración administrativa de cancelación

Se solicita cuando el titular del registro se percata que se han otorgado registros con un nombre similar al suyo, pues esto puede provocar que el nombre pierda distintividad y se transforme en genérico, conforme a lo establecido en el artículo 261 de la ley de la materia. (Ley Federal de Protección a la Propiedad Industrial, 2020)

Así bien, uno de los casos más conocidos es la cadena restaurantera de comida rápida **Las Alitas**, pues al no interponer sus acciones legales contra las demás marcas que iban solicitando un nombre similar al de su registro, como lo eran Wings Army, Vancouver wings, Wing Stop, etc., el nombre Alitas perdió su distintividad que desde el inicio poseía.

10.2.5. Declaración Administrativa de Infracción

Se refiere aquellos relacionados con la competencia desleal o el uso sin autorización de una denominación de origen protegida, entre otros supuestos.

Menciona algunos supuestos en que aplica este proceso contencioso.

Se encuentran establecidos en el artículo 386 de la Ley Federal de Protección a la Propiedad Industrial, que a continuación se desprende:

- Realizar actos contrarios a los buenos usos y costumbres en la industria, comercio y servicios que impliquen competencia desleal y que se relacionen con la materia que esta Ley regula.
- Fabricar o elaborar productos amparados por una patente o por un registro de modelo de utilidad o diseño industrial, sin consentimiento de su titular o sin la licencia respectiva.
- Ofrecer en venta, poner en circulación o usar productos que incorporen una invención patentada, sin consentimiento de su titular o sin la licencia respectiva.
- Utilizar procesos patentados, sin consentimiento del titular de la patente o sin la licencia respectiva.
- Ofrecer en venta, poner en circulación o usar productos amparados por un registro de modelo de utilidad, sin consentimiento de su titular o sin la licencia respectiva.
- Ofrecer en venta, poner en circulación o usar un producto al que se incorpore un diseño industrial registrado, sin consentimiento de su titular o sin la licencia respectiva.
- Reproducir un esquema de trazado protegido, sin la autorización del titular del registro, en su totalidad o cualquier parte que se considere original por sí sola, por incorporación en un circuito integrado o en otra forma.
- Apropiarse de manera indebida de información que sea considerada como secreto industrial, sin consentimiento de la persona que ejerce su control legal o su usuario autorizado, para obtener una ventaja competitiva de mercado, o realizar actos contrarios a los buenos usos y costumbres en la industria, comercio y servicios que impliquen competencia desleal.

- Producir, ofrecer en venta, vender, importar, exportar o almacenar productos o servicios que utilicen un secreto comercial, cuando la persona que lleve a cabo dichas actividades supiera o tuviere motivos razonables para saber, que el secreto comercial se utilizó sin consentimiento de la persona que ejerce su control legal o su usuario autorizado y de manera contraria a los buenos usos y costumbres en la industria, comercio y servicios que impliquen competencia desleal.

- Poner a la venta o en circulación productos u ofrecer servicios, indicando que están protegidos por una marca registrada sin que lo estén. Si el registro de marca ha caducado o ha sido declarado nulo o cancelado, se incurrirá en infracción después de un año de la fecha de caducidad o en su caso, de la fecha en que sea exigible la declaración correspondiente.

- Usar una marca parecida en grado de confusión a otra registrada, para amparar los mismos o similares productos o servicios que los protegidos por la registrada.

- Usar, sin consentimiento de su titular, una marca registrada o semejante en grado de confusión como elemento de un nombre comercial o de una denominación o razón social, o de un nombre de dominio o viceversa, siempre que dichos nombres, denominaciones o razones sociales estén relacionados con establecimientos que operen con los productos o servicios protegidos por la marca.

- Usar una marca previamente registrada o semejante en grado de confusión como nombre comercial, denominación o razón social o nombre de dominio o como partes de éstos, de una persona física o moral cuya actividad sea la producción, importación o comercialización de bienes o servicios iguales o similares a los que se aplica la marca registrada, sin el consentimiento, manifestado por escrito, del titular del registro de marca o de la persona que tenga facultades para ello.

- Usar una marca registrada, sin el consentimiento de su titular o sin la licencia respectiva, en productos o servicios iguales o similares a los que la marca se aplique.
- Ofrecer en venta o poner en circulación productos a los que se aplica una marca registrada y que dichos productos o su etiquetado hayan sido alterados.
- Ofrecer en venta o poner en circulación productos a los que se aplica una marca registrada, después de haber alterado, sustituido o suprimido parcial o totalmente ésta.
- Usar la combinación de signos distintivos, elementos operativos o de imagen, que permitan identificar productos o servicios iguales o similares en grado de confusión a otros protegidos por esta Ley y que por su uso causen o induzcan al público a creer o suponer una asociación inexistente con quien acredite el derecho.
- Usar sin la autorización de uso correspondiente una denominación de origen o indicación geográfica protegida.
- Producir, almacenar, transportar, distribuir o vender productos idénticos o semejantes a los que se encuentren protegidos por una denominación de origen o indicación geográfica nacional protegida o extranjera reconocida por el Instituto, utilizando cualquier tipo de indicación o elemento que cree confusión en el consumidor sobre su origen o calidad, tales como "género", "tipo", "manera", "imitación", “producido en”, “con fabricación en” u otras similares.
- Las demás violaciones a las disposiciones de esta Ley que no constituyan delitos.

¿La marca que está plagiando tanto el nombre, diseño y giro de una marca registrada, puede estar registrada ante el IMPI?

No, regularmente cuando se ejerce el Proceso de Infracción las marcas "piratas" no se encuentran registradas ante el IMPI, pues en ocasiones ya han intentado el proceso de registro, pero la misma autoridad se los niega por obvias razones.

¿Se debe pagar algún derecho?

Sí, se paga el concepto 16 conforme al tarifario del IMPI por la cantidad de $1,564.27 pesos

¿Cuál es el tiempo de respuesta del IMPI, una vez que se ha ingresado el Proceso Contencioso?

Son 45 días naturales, en ese tiempo se asigna un número de expediente y en dado caso, saldría el acuerdo de admisión o prevención, dependiendo si el Instituto tuviera dudas en lo que solicita el promovente. (Acuerdo por el que se establecen los plazos de respuesta a diversos trámites ante el Instituto Mexicano de la Propiedad Industrial, 2020)

10.3. MAPA MENTAL DEL PROCESO CONTENCIOSO

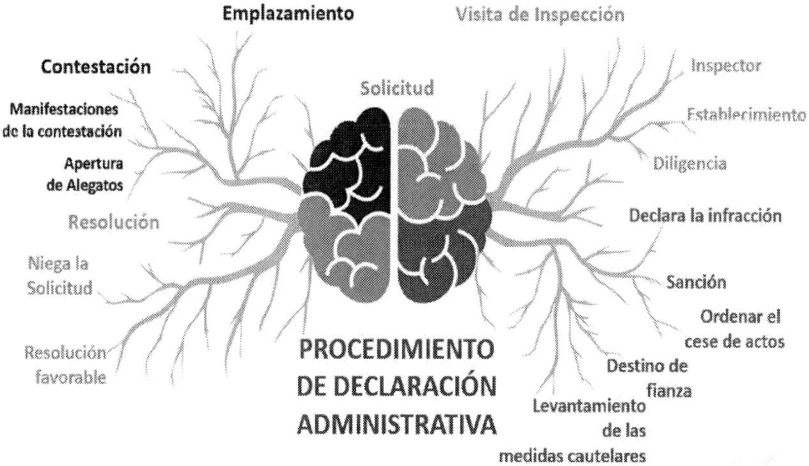

Estos procesos sirven para actuar ante vulneraciones de derechos de Propiedad Intelectual, pero ¿Cuántas personas utilizan estos recursos?, ¿si hay gente que defienda sus derechos?, para responder esto nos fuimos a la página web del Instituto Mexicano de la Propiedad Industrial (IMPI) y en ella buscamos cuantas demandas se interpusieron en el periodo 2020-2015 ante el Instituto (IMPI, 2022):

Solicitudes de declaración administrativa				
Año	**Nulidad**	**Cancelación**	**Infracciones**	**Total**
2015	985	9	412	**1406**
2016	1089	5	433	**1527**
2017	1032	17	507	**1556**
2018	990	8	478	**1476**
2019	798	11	456	**1265**
2020	674	6	245	**925**
Total	**5568**	**56**	**2531**	

No solo tiene relevancia que se inicie una demanda de carácter Propiedad Intelectual, sino que se resuelva, ya que al proceso se le debe dar el impulso necesario tanto como para que sea menor el tiempo de espera para una resolución, como para dejar un antecedente que tus registros deben respetarse, y es así como entre la base de datos del Instituto arrojó las declaraciones administrativas resueltas en el periodo 2020-2015 (IMPI, 2022):

Procedimientos de declaración administrativa resueltos				
Año	**Nulidad**	**Cancelación**	**Infracciones**	**Total**
2015	687	7	519	**1213**
2016	616	2	573	**1191**
2017	645	3	575	**1223**
2018	1,112	6	764	**1882**
2019	964	7	668	**1639**
2020	431	3	276	**710**
Total	**4455**	**28**	**3375**	

10.4. LA NOTIFICACIÓN EN LÍNEA

Existe la modalidad de notificación en línea, aunque la verdad los procesos contenciosos deberían tener la opción de llevarse a cabo en línea o cuando menos, ser monitoreados como los juicios en otras materias, por ejemplo, en el caso de Nuevo León, existe el Tribunal Virtual, que puedes subir promociones y visualizar el expediente completo.

La llamada notificación en línea que ofrece el IMPI debe ser solicitada por los usuarios, escrito que se presenta en las oficinas del mismo Instituto, la cronología del proceso es el siguiente:

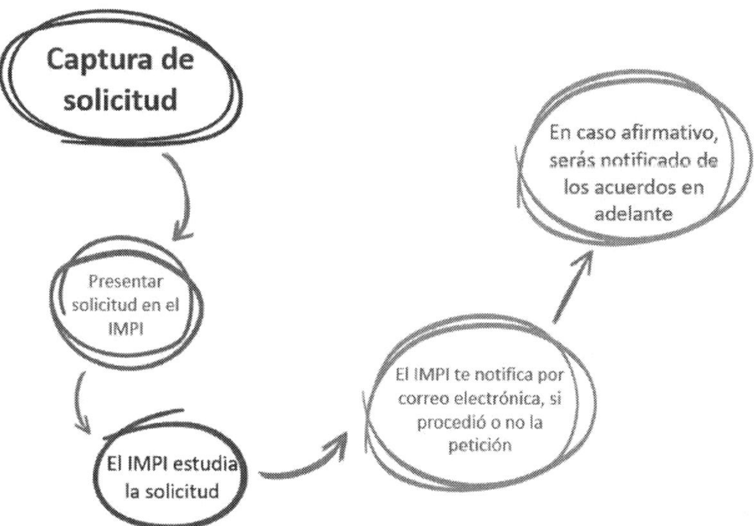

El tiempo de respuesta del Instituto es de aproximadamente 2 semanas, tener en cuenta que el monitoreo al correo electrónico será algo primordial, pues los términos comenzarán a correr al día siguiente en que tengas en tu bandeja de entrada dicho correo.

ECONOMÍA IMPI

IMPI
06 MAR. 2023 040
11:21 hrs
RECIBIDO

DIRECCIÓN DIVISIONAL DE PROTECCIÓN A LA PROPIEDAD INTELECTUAL

SOLICITUD DE NOTIFICACIÓN EN LÍNEA

N° : 35341/2023

ID: 1128478

DATOS GENERALES DEL SOLICITANTE

Nombre: [redacted]

Correo: [redacted]

Correo para enviar avisos de Gaceta: [redacted]

Fecha y hora de presentación de la solicitud en el sistema: 03/03/2023 17:31

EXPEDIENTE SOLICITADO

Expediente	Parte que representa	Solicito
[redacted]	ACTOR	NOTIFICACIÓN

De conformidad con lo previsto en la fracción III del artículo 367 de la Ley Federal de Protección a la Propiedad Industrial, solicito que las actuaciones derivadas de la sustanciación del procedimiento señalado sean notificadas a través de medios de comunicación electrónica.

EL FIRMANTE MANIFIESTA:

Asumo la responsabilidad por el uso de mi CURP, e.firma, correo electrónico y contraseña por persona distinta a la que suscribe, por lo que de ocurrir ese supuesto se atribuirá como mi firma electrónica la que se plasme al momento de firmar las notificaciones que reciba.

Acepto consultar el tablero electrónico, al menos, los días quince y último de cada mes o bien, el día hábil siguiente si alguno de éstos fuere inhábil; y en caso de no hacerlo, se tendrá por hecha la notificación en el día hábil que corresponda.

ATENTAMENTE

[redacted]

Para concluir con su trámite le solicitamos que el presente formato sea firmado autógrafamente y presentado en las Delegaciones de la Secretaría de Economía o en cualquiera de las Ventanillas del IMPI, o bien en la Oficialía de Partes de la Dirección Divisional de Protección a la Propiedad Intelectual.

El documento arriba mostrado, es el que te arroja el sistema, después de haber vaciado tu información, mismo que debes presentar en cualquiera de las oficinas del IMPI, en la Secretaría de Economía o mandar por correo postal a las oficinas central del IMPI ubicadas en Ciudad de México.

10.5. ¿QUÉ MEDIDAS PROVISIONALES SE PUEDEN SOLICITAR ANTE UN PROCESO CONTENCIOSO?

Debemos partir de ¿qué es una medida provisional?, para así tener un mejor panorama de hasta dónde podemos sacarle el provecho; una medida provisional son prácticas que las autoridades pueden utilizar en un procedimiento legal de forma provisional, hasta que se dicte resolución definitiva. En el caso particular, de un proceso contencioso, todas las medidas se encuentran establecidos en el artículo 344 de la Ley Federal de Protección a la Propiedad Industrial, que se mencionan ahora:

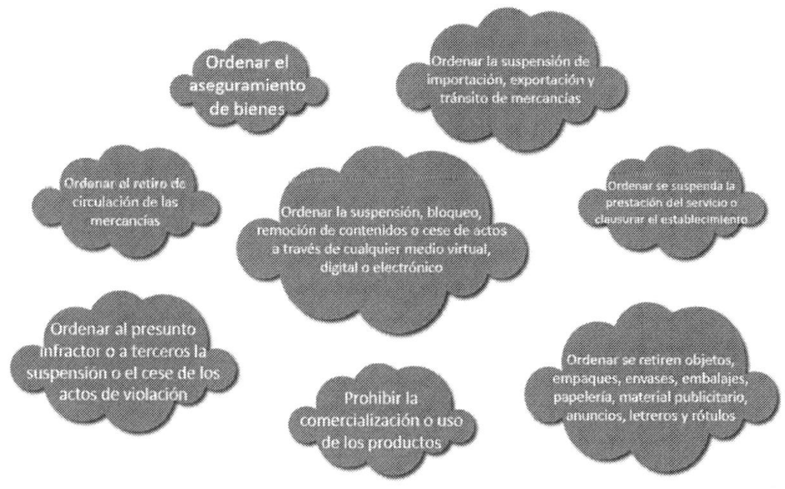

10.6. LA FIANZA

El monto de la fianza o billete de depósito es cuantificado por el IMPI, debe tomar en cuenta las pruebas que adjunte el solicitante, así como lo que se derive de lo actuado en el expediente. La autoridad puede requerir al solicitante/promovente la ampliación de la fianza, es decir, que aumente la cantidad de la fianza antes fijada, ya que existe el escenario de que, al momento de realizarse las medidas provisionales, se desprenda que la fianza inicial resulte insuficiente para responder por la afectación que se le pudiera causar al promovente.

No se solicitará fianza, cuando la implementación de medidas provisionales se adopte de oficio por parte del Instituto.

¿Cuál es el objetivo de una fianza?

Asegurar una indemnización monetaria acorde con las afectaciones sufridas.

¿Para qué sirve la contrafianza?

Para levantar las medidas cautelares de manera provisional, es decir, hasta que se resuelva el Proceso contencioso.

La fianza y contrafianza son fijadas por el IMPI, en base a los hechos de la demanda es que se fija el monto. La contrafianza atiende a los resultados obtenidos en la visita de inspección.

10.7. ¿CUÁNDO ES NECESARIO UNA VISITA DE INSPECCIÓN?

La visita de inspección se realiza a solicitud del afectado y, si la inspección se practica fuera del CDMX, los gastos de traslado y viáticos serán por cuenta del solicitante.

¿Puedo demandar si solo cuento con la ubicación del establecimiento infractor y no la razón social de la empresa o la persona física encargada?

Sí, solo que desde el inicio de la demanda se solicitará la Visita de Inspección que es el medio idóneo para recabar esa información faltante.

¿Existe pago de derechos por solicitar la Visita de inspección?

Sí, se paga el concepto 17 siendo un costo de $586.60 pesos.

¿Cuál es el proceso de la Visita de inspección?

Orden de Inspección

- -Por escrito
- -Firma autógrafa de la autoridad
- -Lugar o zona a verificarse
- -Objeto de la visita
- -Fundamento legal

Visita de Inspección

- -Identificación del Inspector
- -Se realizará en presencia de 2 testigos
- -Se entregará copia del oficio y acta levantada al responsable

Acta Circunstanciada

- -Hora, día, mes y año
- -Calle, número, población y entidad federativa
- -Número y fecha del oficio de comisión
- -Identificación del Inspector
- -Nombre y carácter de la persona con quien se entendió la diligencia
- -Nombre y domicilio de testigos
- -Mención al visitado de ejercer su derecho a observaciones
- -Datos de la actuación
- -Declaración del visitado, (si desea hacerla)
- -Nombre y firma de los que intervinieron

10.8. LAS ADUANAS Y SU DESEMPEÑO EN MATERIA DE PROPIEDAD INTELECTUAL

La Secretaría de Hacienda y Crédito Público tiene facultad de suspender la libre circulación de las mercancías de procedencia extranjera dentro del recinto fiscal, previa resolución emitida por autoridad Administrativa o Judicial competente en la materia de Propiedad Intelectual y ponerla a su disposición en el lugar que dichas autoridades señalen, como así lo establece el artículo 144 y 148 de la ley vigente. (Ley Aduanera, 2021)

¿Qué debe contener el acta que realiza el Agente Aduanal cuando realiza una retención de mercancía?

- La identificación de la autoridad que practica la diligencia.
- La resolución en la que se ordena la suspensión de libre circulación de las mercancías de procedencia extranjera que motiva la diligencia y la notificación que se hace de la misma al interesado.
- La descripción, naturaleza y demás características de las mercancías.
- El lugar en que quedarán depositadas las mercancías, a disposición de la autoridad competente.

¿Qué debe contener la resolución administrativa o judicial que ordene la suspensión de la libre circulación de las mercancías de procedencia extranjera?

- Nombre del importador.
- Descripción de la mercancía.
- Aduana por la que ingresaran.
- Periodo estimado del ingreso (no mayor a 15 días).
- El almacén en el que se depositaran a disposición de la autoridad competente.
- Designación o aceptación del cargo de depositario.

10.9. ¿CUÁLES SON LAS INSTANCIAS EN MATERIA DE P.I.?

Cabe aclarar que existe una segunda instancia después de un Proceso de Declaración Administrativa, misma que es el Juicio Contencioso Administrativo ante el Tribunal Federal de Justicia Administrativa y, consecutivamente el Tribunal Colegiado de Circuito en materia Administrativa y por último la Suprema Corte de Justicia de la Nación, mismo que se representa en la siguiente figura.

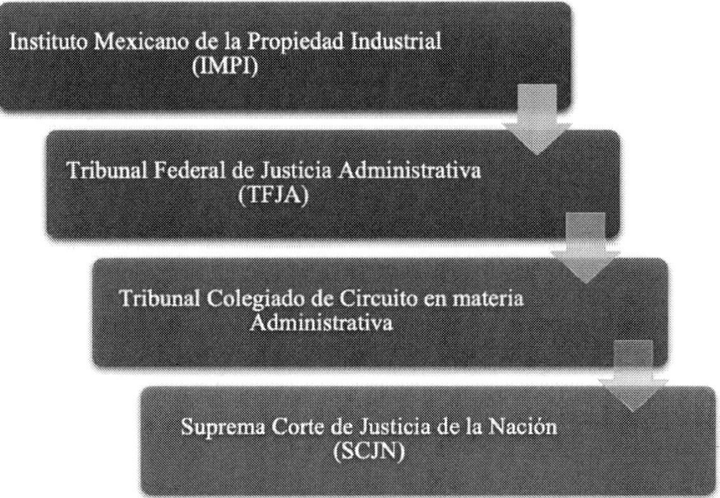

Ahora bien, en el caso de la contestación a la **cita de anterioridad** se interpone ante el IMPI y en el caso de negativa, se puede dar el salto directo al **Juicio de Nulidad** ante el Tribunal Federal de Justicia Administrativa. Así mismo, el **recurso de revisión** es otro medio legal que tiene el IMPI para dar tu alegato final ante una resolución negativa de la contestación a la cita de anterioridad; consecuentemente, en el escenario de tener una negativa en el recurso, se puede interponer directamente el **Juicio de Amparo**.

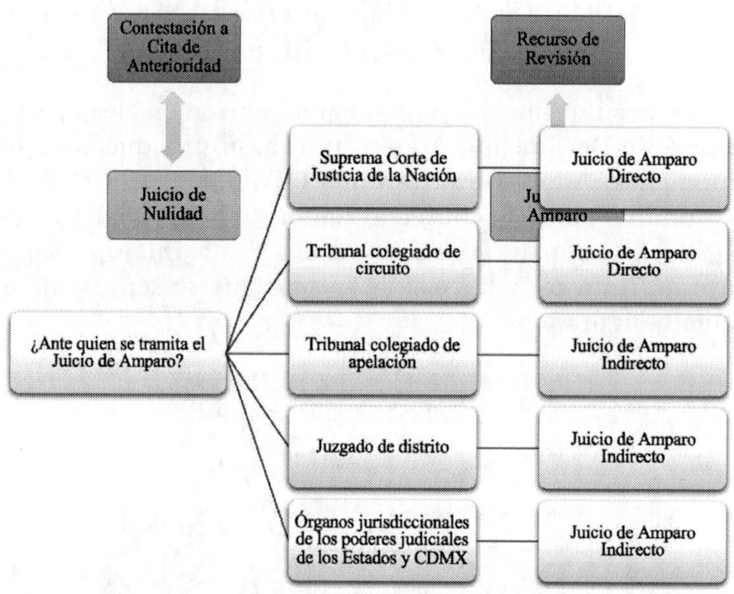

En el caso específico del amparo, dependiendo del acto que se impugnaría, se presentaría ante alguna de las siguientes autoridades:

10.10. LA CONCILIACIÓN INCORPORADA A LA NUEVA LEY

Es una de las novedades que existe en la actual ley, pues pone al alcance de las personas esta herramienta para no pasar a un Juicio o bien, si durante el Juicio existe la intención de llegar a un acuerdo, está es una opción para lograrlo.

¿Cuáles son las etapas de la conciliación?

- La conciliación podrá ser solicitada por cualquiera de las partes, en cualquier etapa procesal, siempre y cuando no haya sentencia

- el solicitante presentará la propuesta conciliatoria
- Admitida la solicitud de conciliación, el IMPI dará vista a la contraparte para que, en 5 días hábiles, manifieste su aceptación o negativa a negociar un convenio
- la contraparte puede aceptar el convenio o presentar una contrapropuesta
- el IMPI requerirá a las partes a presentar el convenio formalizado, en 5 días hábiles
- En el caso de no acudir a alguna de las reuniones, sin causa justificada, se sancionará en con multa hasta por 250,000 UMA
- Convenio = cosa juzgada

¿Es gratuito la conciliación ante el IMPI?

No, se paga el concepto 16 ter por la cantidad de $5,026.77 pesos.

10.11. ¿CÓMO ME PAGAN LOS DAÑOS Y PERJUICIOS DE UNA SENTENCIA DE P.I.?

Se presenta un Incidente (mini juicio) ante el IMPI, con las pruebas que se estime pertinentes y la ejecución de la resolución podrá promoverse ante los Tribunales Federales Civiles.

¿Cómo se determina el monto de la indemnización a pagar por el demandado?

Se desprende del artículo 397 de la Ley Federal de Protección a la Propiedad Industrial, en el que se considera desde la fecha en que se haya acreditado la infracción al derecho y, a elección del titular afectado, cualquier indicador de valor legítimo presentado por éste, incluyendo:

I. El valor de los productos o servicios infringidos calculados por el precio del mercado, o el precio sugerido para la venta al por menor;

II. Las utilidades que el titular hubiera dejado de percibir como consecuencia de la infracción;

III. Las utilidades que haya obtenido el infractor como consecuencia de la infracción, o

IV. El precio que el infractor hubiera debido pagar al titular del derecho por el otorgamiento de una licencia, teniendo en cuenta el valor comercial del derecho infringido y las licencias contractuales que ya se hubieran concedido.

Capítulo 11

Delitos en Propiedad Intelectual

Los delitos en materia de Propiedad Intelectual son de gran interés para todas aquellas personas que tomen en cuenta diferentes vías para hacer valer su propiedad intelectual, y es con esta nueva ley (Ley Federal de Protección a la Propiedad Industrial) no se le impone al IMPI la obligación de comunicar a la Fiscalía de la existencia de hechos posiblemente delictivos, aunque el IMPI puede emitir una resolución en el que considere estos delitos, se deja a elección del usuario el ejercicio o no de la acción penal. La Piratería en el área penal es un mal más común en el derecho de autor y las marcas; pues cabe destacar, que la "piratería" se caracteriza por lo barato que es reproducir obras o imitar productos, por sus marcas.

11.1. EL DELITO EN LA PROPIEDAD INDUSTRIAL

En marcas, el uso de signos similares en grado de confusión a otros registrados o cuando se usa como nombre comercial. Aparece el concepto de competencia desleal y su protección. Hoy en día se reclama más a la acción civil de daños y perjuicios, y la acción penal, que es la sanción, la razón es porque ambas acciones tienen mayores mecanismos para hacer respetar nuestro derecho de propiedad intelectual.

Y ¿Qué es el delito enfocado en la Propiedad Industrial? es la acción u omisión contraría a la ley federal de protección a la Propiedad Industrial, y que la misma es penada por ella y por el código penal, es decir la conducta ha afectado derechos de propiedad intelectual de terceros.

Así bien, se utiliza la sanción penal en la detención de aquellas conductas en las que imitan el producto y sus marcas (logos, etc.); cabe resaltar, dependencias como la Fiscalía General de la República sólo persiguen aquellas conductas en las que la copia de marcas o signos distintivos (registrados ante IMPI) es exacta; asimismo, se puede ejercitar la acción penal, sin ser necesario la existencia de una resolución del IMPI, pero en la práctica los agentes del Ministerio Público generalmente requieren una resolución donde se emita la declaratoria de una infracción.

Como una propuesta para hacer más imparcial el proceso contencioso, se debería crear un tribunal contencioso administrativo, como órgano distinto a la autoridad que emite el acto; aunque, aun así, el tribunal no podría declarar daños; pero, recientemente existe una publicación en el Diario Oficial de la Federación de fecha 4 de noviembre del año 2021, se estableció "Se delegan en la Dirección Divisional de Protección a la Propiedad Intelectual la facultad de determinar en cantidad líquida el monto de las multas que imponga por infracciones administrativas en los términos de la Ley Federal de Protección a la Propiedad Industrial y de la Ley Federal del Derecho de Autor".

Tip – En la práctica, las decisiones en materia contenciosa el IMPI llega a tomar mucho tiempo.

11.2. ¿CUÁLES SON LOS DELITOS EN MATERIA DE PROPIEDAD INDUSTRIAL?

Los delitos de esta rama se encuentran enmarcados en el artículo 402 de la Ley Federal de Protección a la Propiedad Industrial, los cuales se mencionan en la siguiente figura:

Falsificar una marca con fines de especulación comercial

Producir, almacenar, transportar, introducir al país, distribuir o vender con fines de especulación comercial

Divulgar a un tercero un secreto industrial

Apoderarse de un secreto industrial sin derecho y sin consentimiento de la persona

Usar la información contenida en un secreto industrial, que conozca por virtud de su trabajo, cargo o puesto

Producir, almacenar, transportar, distribuir o vender productos de origen nacional que ostenten una denominación de origen

Apropiarse, adquirir, usar o divulgar indebidamente un secreto industrial a través de cualquier medio

Producir, almacenar, transportar, distribuir o vender productos de origen nacional que ostenten una indicación geográfica protegida

Ahora bien, los delitos antes mencionados tienen una sanción dependiendo del caso y para ello, se debe partir del valor UMA, ya que así se establece el monto monetario a pagar, ya que actualmente en el transcurso del año 2022 el valor UMA (Unidad de Medida y Actualización) tiene un valor de $96.22 pesos mexicanos por cada una. En la siguiente figura se muestra las sanciones que se aplican en los delitos arriba mencionados:

3 a 10 años de prisión y multa de $192,440 pesos a $48,110,000 pesos	Falsificar una marca con fines de especulación comercial.
	Producir, almacenar, transportar, introducir al país, distribuir o vender con fines de especulación comercial.
	Producir, almacenar, transportar, distribuir o vender productos de origen nacional que ostenten una indicación geográfica protegida.
	Producir, almacenar, transportar, distribuir o vender productos de origen nacional que ostenten una denominación de origen.
2 a 6 años de prisión y multa de $96,220 pesos a $28,866,000 pesos	Divulgar a un tercero un secreto industrial.
	Apoderarse de un secreto industrial sin derecho y sin consentimiento de la persona.
	Usar la información contenida en un secreto industrial, que conozca por virtud de su trabajo, cargo o puesto.
	Apropiarse, adquirir, usar o divulgar indebidamente un secreto industrial a través de cualquier medio.

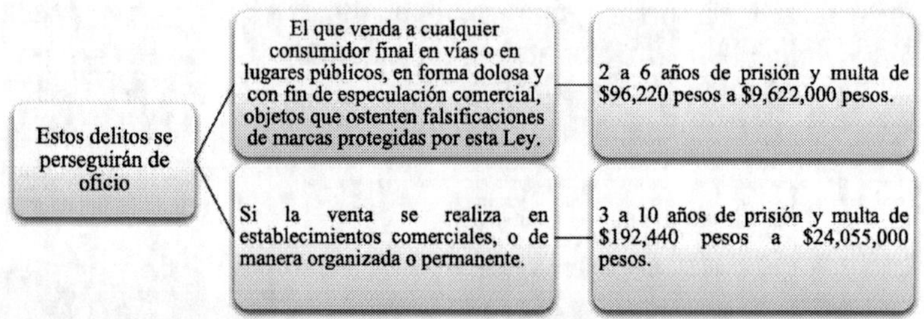

El nivel de gravedad de la conducta representa un factor a considerar, para establecer la pena que se impondrá, ya que se persigue detener la actividad infractora y reparar el daño producido por dicha actividad.

¿Qué pasa si se rompen los sellos colocados en una diligencia de un servidor público?

Es considerado un delito y tiene una sanción de 30 a 180 jornadas de trabajo en favor de la comunidad.

¿Existe sanción hacia aquella persona que atente contra un servidor público que ejerza sus funciones?

Sí, es considerado un delito con pena de prisión de 1 a 6 años, además de la que le corresponda por el delito cometido.

11.3. DELITOS EN LOS DERECHOS DE AUTOR

La Fiscalía carece de conocimiento técnico y especialización en materia de Propiedad Industrial y es el Agente del Ministerio Público quién, debe ser asistido por "expertos" en esa área. Es con frecuencia que la Fiscalía llega a integrar mal las carpetas de investigaciones y, por lo tanto, se consignan con vicios; consecuentemente, provoca desatención y menosprecio hacia estos delitos, por parte de la autoridad judicial.

Se establecen en los artículos 424 a 427 del Código Penal Federal las penas en caso de incurrir en los siguientes supuestos delictivos contra los derechos de autor:

6 meses a 6 años de prisión y 300 a 3,000 días de multa

- Al que especule en cualquier forma con los libros de texto gratuitos que distribuye la Secretaría de Educación Pública.
- Al editor, productor o grabador que a sabiendas produzca más números de ejemplares de una obra protegida por la Ley Federal del Derecho de Autor, que los autorizados por el titular de los derechos.
- A quien use en forma dolosa, con fin de lucro y sin la autorización correspondiente obras protegidas por la Ley Federal del Derecho de Autor.
- A quien publique a sabiendas una obra substituyendo el nombre del autor por otro nombre.

3 a 10 años de prisión y 2,000 a 20,000 días multa

- A quien produzca, reproduzca, introduzca al país, almacene, transporte, distribuya, venda o arriende copias de obras, fonogramas, videogramas o libros, protegidos por la Ley Federal del Derecho de Autor, en forma dolosa, con fin de especulación comercial y sin la autorización que en los términos de la citada Ley deba otorgar el titular de los derechos de autor o de los derechos conexos.
- Igual pena se impondrá a quienes, a sabiendas, aporten o provean de cualquier forma, materias primas o insumos destinados a la producción o reproducción de obras, fonogramas, videogramas o libros a que se refiere el párrafo anterior.
- A quien fabrique con fin de lucro un dispositivo o sistema cuya finalidad sea desactivar los dispositivos electrónicos de protección de un programa de computación.
- A quien grabe, transmita o realice una copia total o parcial de una obra cinematográfica protegida, exhibida en una sala de cine o lugares que hagan sus veces, sin la autorización del titular del derecho de autor o derechos conexos.

6 meses a 6 años de prisión y 5,000 a 30,000 días multa

- Quien venda a cualquier consumidor final en vías o en lugares públicos, en forma dolosa, con fines de especulación comercial, copias de obras, fonogramas, videogramas o libros, a que se refiere la fracción I del artículo anterior.
- Si la venta se realiza en establecimientos comerciales, o de manera organizada o permanente.

6 meses a 2 años de prisión o de 300 3,000 días de multa

- Al que a sabiendas y sin derecho explote con fines de lucro una interpretación o una ejecución.

6 meses a 6 años de prisión y 500 a 1,000 días multa

- A quien, a sabiendas y con fines de lucro eluda sin autorización cualquier medida tecnológica de protección efectiva que utilicen los productores de fonogramas, artistas, intérpretes o ejecutantes, así como autores de cualquier obra protegida por derechos de autor o derechos conexos.
- A quien, con fines de lucro, fabrique, importe, distribuya, rente o de cualquier manera comercialice dispositivos, productos o componentes destinados a eludir una medida tecnológica de protección efectiva que utilicen los productores de fonogramas, artistas, intérpretes o ejecutantes, así como los autores de cualquier obra protegida por el derecho de autor o derecho conexo.
- A quien, con fines de lucro, brinde u ofrezca servicios al público destinados principalmente a eludir una medida tecnológica de protección efectiva que utilicen los productores de fonogramas, artistas, intérpretes o ejecutantes, así como los autores de cualquier obra protegida por derecho de autor o derecho conexo.
- A quien, a sabiendas, sin autorización y con fines de lucro, suprima o altere, por sí o por medio de otro, cualquier información sobre gestión de derechos.

6 meses a 4 años de prisión y 300 a 3,000 días multa

- A quien fabrique, modifique, importe, distribuya, venda o arriende un dispositivo o sistema para descifrar una señal de satélite cifrada, portadora de programas, sin autorización del distribuidor legítimo de dicha señal.
- A quien realice con fines de lucro cualquier acto con la finalidad de descifrar una señal de satélite cifrada, portadora de programas, sin autorización del distribuidor legítimo de dicha señal.
- A quien fabrique o distribuya equipo destinado a la recepción de una señal de cable encriptada portadora de programas, sin autorización del distribuidor legítimo de dicha señal.
- A quien reciba o asista a otro a recibir una señal de cable encriptada portadora de programas sin la autorización del distribuidor legítimo de dicha señal.

11.4. AUTORES DEL DELITO

Conforme al Código Penal Federal en su artículo 13, se desprende los autores o cómplices del delito, mismo que a continuación se mencionan:

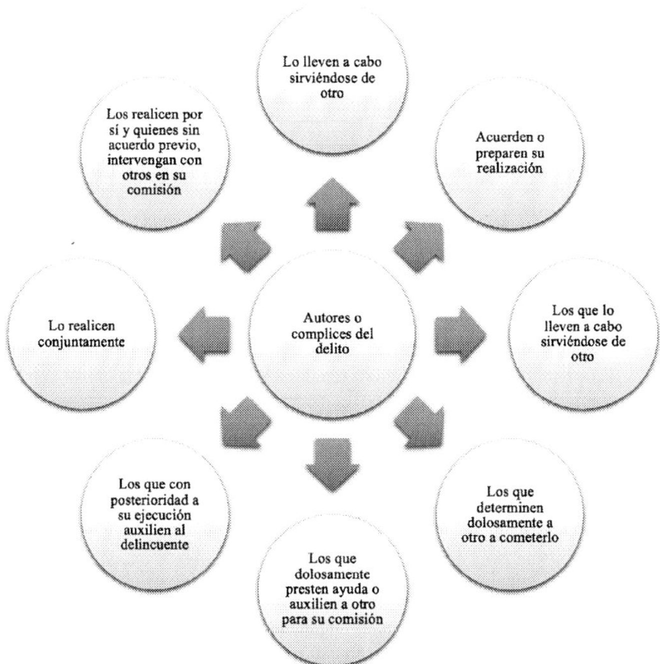

11.5. PROCESO DEL JUICIO ORAL PENAL EN MÉXICO

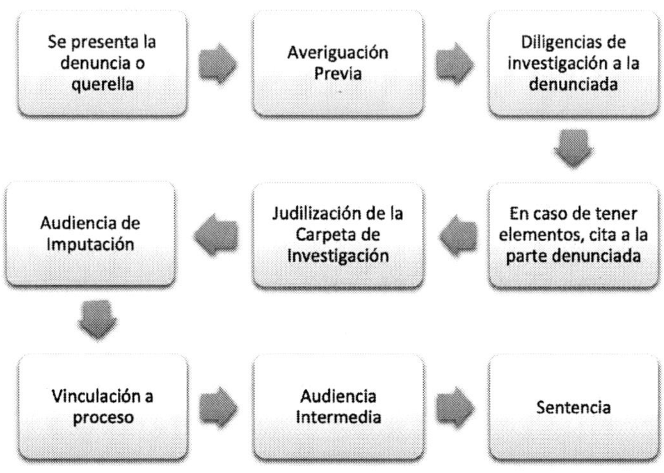

a) El proceso penal inicia con la presentación de la denuncia o querella, según sea el caso.

b) La Averiguación Previa, es la investigación que comienza a realizar la autoridad judicial, para así reunir las pruebas pertinentes y determinar si existe delito.

c) En caso de tener elementos, cita a la parte denunciada

d) En las diligencias de investigación a la denunciada, el Ministerio Público puede requerir de información en posesión de la presunta trasgresora y podrá, establecer medidas para el aseguramiento de bienes con la finalidad de hallar la prueba o preservarla, impidiendo la comisión del delito y garantizar la reparación del daño.

Tip – Las pruebas pueden consistir en documentales y testimoniales.

e) Una vez integrados todos los elementos correspondientes a la investigación, el agente del Ministerio Público deberá solicitar el ejercicio de la acción penal, es decir, judicializar la carpeta de investigación, por lo tanto, el proceso se llevará a cabo en un Juzgado Penal.

f) En la audiencia de Imputación, es el Ministerio Público quién argumentará ante el Juez por qué debe vincularse a proceso judicial el imputado.

g) Una vez dada la vinculación a proceso, el inculpado queda formalmente atado a un proceso judicial penal.

h) En la audiencia intermedia se desahogarán las pruebas y hechos, en el que las partes debatirán sobre cada una de ellas, para así determinar cuáles serán admisibles para demostrar la culpabilidad o no del inculpado.

i) La sentencia es la última etapa y en ella el juez dictará la resolución que pondrá fin al proceso.

11.6. ¿CUÁNDO SE DEJA SIN EFECTOS LA ACCIÓN PENAL EN P.I.?

La prescripción en grandes rasgos extingue la acción penal y las sanciones, para ello, bastará el simple paso del tiempo señalado por la ley; asimismo, hay factores que pueden influir en el inicio del término para tener una fecha cierta, en la siguiente figura se mencionan:

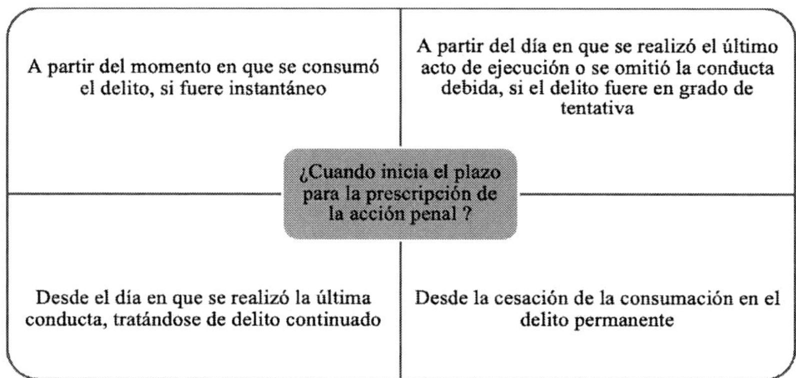

El tiempo que debe transcurrir para una prescripción, depende del caso en concreto, como a continuación se mencionan los escenarios:

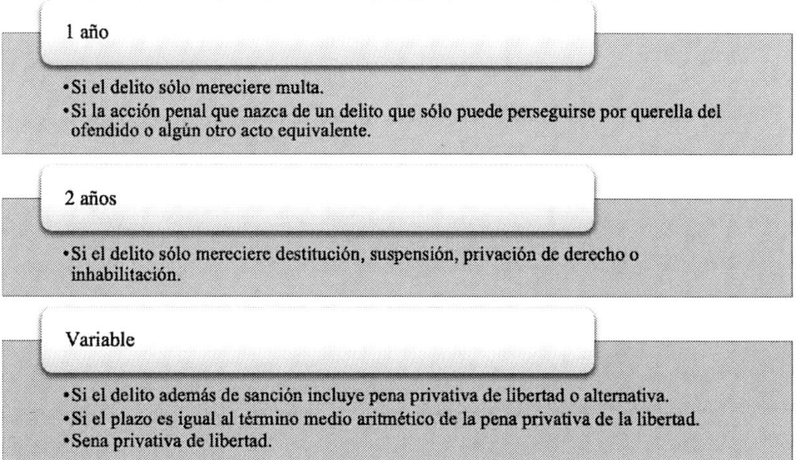

¿Puede detenerse el tiempo de la prescripción en una acción penal?

Si, las actuaciones que se practiquen en la investigación y de los imputados

¿Cuándo puede decretar el Ministerio Público la destrucción de productos relacionados con delitos de P.I.?

Conforme al artículo 235 del Código Nacional de Procedimientos Penales, los productos deben implicar un alto costo o peligrosidad por su conservación.

¿Pueden cerrar mi establecimiento comercial por un aseguramiento de bienes?

Conforme al artículo 243 del Código Nacional de Procedimientos Penales, no será causa de cierre o suspensión de actividades, si estás son lícitas.

Capítulo 12
Casos prácticos

12.1. DISNEY PIERDE A "WINNIE THE POOH"

¿Cuál es la Propiedad Intelectual?

Derecho de autor a través del derecho patrimonial

Es en el año 2022 en el que el corporativo The Walt Disney Company pierde los derechos sobre "Winnie the Pooh" creación de Alexander Milne; y ¿Cómo es posible esto? Bueno, es por causa de la ley de derechos de autor en Estados Unidos, pues a la letra dice *"Cuando las obras cumplen 95 años de haberse publicado, se pueden compartir legalmente, sin permiso ni tarifa"*.

Las grabaciones sonoras antes del año 1923 también tienen estas limitantes, las cuales se calculan en 400 mil grabaciones. Y aunque Disney obtuvo los derechos de "Winnie the Pooh" y sus personajes en el año 1961, la historia original fue publicada en el año 1926.

Si bien es cierto que la obra original ya no está protegida por derechos de autor, la adaptación creada por Disney sí lo está, aunque esté basada en dicha obra, está no es una fiel copia de ellos. Así mismo, Disney conserva los derechos de sus películas animadas, pero los personajes e historias originales quedan libres para diferentes explotaciones, como pueden ser películas, comics, libros, música y así sucesivamente.

Cabe resaltar, los Derechos de Autor son distintas en cada país. Y en el caso particular de México, la Ley Federal del Derecho de Autor bajo su artículo 29 fracción I y II en relación con el artículo 16, establece la vigencia del derecho patrimonial por 100 años a partir de la muerte del autor y 100 años después de que sea divulgada.

12.2. GAEL GARCÍA BERNAL VS JOHNNIE WALKER

¿Cuál es la Propiedad Intelectual? Derecho de autor a través del derecho de imagen

Este caso comenzó en el año 2011, cuando la compañía John Walker & Sons emitió un anuncio comercial llamado "Caminando con Gigantes" en donde aparecía el actor Gael García Bernal y fue, durante el transcurso de 2 meses, el comercial publicitario se transmitió en televisión aproximadamente 22 ocasiones en México; y el problema radicó en que el actor no había aceptado su aparición en dicho comercial; cabe resaltar, en la emisión se podían observar imágenes de películas, eventos sociales y vacaciones de García Bernal.

Después de 2 años de esa emisión, Gael García Bernal demandó a la compañía John Walker & Sons por usar su imagen sin consentimiento para el anuncio; en ese orden de ideas, es en el año 2019 que se condenó a "Johnnie Walker" pagar una indemnización del 40% de las ventas derivadas de esa estrategia publicitaria; sin embargo, el corporativo John Walker & Sons, apeló dicha sentencia y se postergo el juicio, siendo en el año 2022 que la máxima autoridad Judicial concluyo el proceso.

La Suprema Corte de Justicia de la Nación, determino la constitucional de fijar una indemnización por daños y perjuicios derivado de que "Johnnie Walker" haya utilizado los derechos de la imagen sin el consentimiento del actor Gael García Bernal, y *¿Cuál fue el fin de estas acciones?* el uso de la imagen del actor para una campaña publicitaria del whisky Johnnie Walker, se estableció que el corporativo John Walker & Sons pagará el monto equivalente a 40% de las ventas que ganó "Johnnie Walker" durante el periodo que se emitió el vídeo en la televisión a García Bernal.

Sin duda la decisión del alto Tribunal ha dejado un precedente en México, convirtiendo este caso en una referencia en los litigios materia del Derecho de Autor por haber utilizado la imagen de una persona sin su consentimiento.

12.3. NARUTO VS DAVID SLATER

¿Cuál es la Propiedad Intelectual? Derecho de autor

Vamos a colocarnos en el año 2011, el lugar donde sucedieron estos hechos fue en una selva de Indonesia, en donde un mono de nombre "Naruto" se tomó una selfie con la cámara de David Slater, el problema surgió cuando la organización PETA (People for the Ethical Treatment of Animals) argumentó ante la Corte de Estados Unidos que el animal debía beneficiarse de los derechos de autor que le correspondían por dicha fotografía, pero la resolución judicial definitiva en este caso fue que, la protección de los derechos de autor no podían extenderse a un simio, otorgando la victoria a Slater sobre PETA tras 2 años del procedimiento contencioso.

Ahora bien, fue decisión de Slater donar 25% de las ganancias que genere la controversial fotografía a organizaciones de caridad "dedicadas a la protección del bienestar o hábitat de “Naruto".

¿Y si hubiera existido este caso en México?, ¿Qué dice la ley en México en un caso así?, para responder estas interrogantes, debemos remontarnos a la Ley Federal del Derecho de Autor y es en el artículo 12 en relación con el artículo 11, que establecen al autor como una persona física, pues tiene como fin otorgarles una protección sobre las creaciones que realizan y es en esa tesitura que una creación emana de un derecho humano.

12.4. GALLETAS OREO VS GALLETAS GULLÓN

¿Cuál es la Propiedad Intelectual? Marca tridimensional y Trade dress

El siguiente caso fue recibido y resuelto por la EUIPO (Oficina de Propiedad Intelectual de la Unión Europea), una disputa entre la marca OREO y las Galletas Gullón, derivado de un producto lanzado de nombre "Twins" por Galletas Gullón.

¿Y cuál fue la molestia de Oreo con las Galletas Gullón? El argumento de Oreo fue la competencia desleal que claramente entraba en esa categoría "Twins", pues con ello se negó el registro de la marca "Twins" propiedad de la galletera Gullón.

Aunque, la marca Gullón argumentó que la marca solicitada "Twins" contenía más elementos que la hacían distintiva como las palabras Gullón y Twins, sumado a que se OREO estaba monopolizando la representación de las galletas de sándwich; sin embargo, es evidente que "toma prestado el concepto de OREO", pues ambos tienen la representación de dos galletas sándwich, *a la forma redonda, el grosor, el borde troquelado con rayas, decoración interior con formas geométricas,* color de fondo en azul y blanco, mismos que contiene el nombre de ambas marcas OREO y TWINS.

Aunado a ello, es importante destacar que la marca OREO tiene gran presencia en diferentes establecimientos a nivel internacional, siendo considera como una marca famosa, pues a pesar que su matriz es en Estados Unidos, su crecimiento comercial la ha llevado fuera de dicho país.

¿Qué dice la ley en México en estos casos? Nos evocamos en lo establecido en la Ley Federal de Protección a la Propiedad Industrial en su art. 173 fracciones XVII, XVIII y XXII, ya que de ahí emana la prohibición para el registro de marca las declaradas o estimadas famosas, las que se encuentren en trámite o registradas y los solicitados de mala fe; con ello, se establece la primera barrera de defensa para que no proliferen marcas que caigan en estos supuestos, estas acciones son llevadas a cabo por el IMPI (Instituto Mexicano de la Propiedad Industrial). En el caso en que se haya otorgado la marca controversial, existen herramientas que puede utilizar la marca original, por tomar ejemplo OREO pues, puede interponer un Proceso de Declaración Administrativa de Nulidad que emana del artículo 258 de la ley y un Proceso de Declaración Administrativa de Infracción que se desprende del artículo 386 de la ley de la materia.

12.5. LOUBOUTIN Y LA SUELA ROJA

¿Cuál es la Propiedad Intelectual? Marca tridimensional y Trade dress

La suela roja en los zapatos es una creación de la marca Christian Louboutin, misma que consiguió su registro en enero del año 2008.

Es en el año 2011 cuando la marca Louboutin interpuso una demanda contra la marca YSL (Yves Saint Laurent) por infracción de marca en Estados Unidos, ya que YSL estaba utilizando el mismo concepto en sus zapatos (suela de color rojo).

Dentro de los alegatos expuestos por "Louboutin", argumentó que los zapatos de "YSL" de suela roja se vendían en muchas tiendas y sitios web, generando confusión a los consumidores, siendo la suela roja una característica importante de "Louboutin". En una diferente estrategia "YSL" contrademando a "Louboutin" con el fin de invalidar el registro de la marca roja, pues se alegó que una suela roja en los zapatos, carecía del carácter distintivo requerido para el registro y es simplemente ornamental. En el año 2012 la autoridad judicial determinó que "Louboutin" adquirió una distinción por el uso de un solo color en la suela de zapatos, ya que el comprador asocia un zapato de suela roja con la marca, y con ello se desestimó la demanda de "YSL".

Con este antecedente "Louboutin" comenzó a proteger su Propiedad Intelectual fuera de E.U., es decir en el ámbito internacional, esto con el fin de no pasar por lo mismo con marcas similares como "YSL".

¿Existe un mecanismo de defensa en México en estos casos?

Sí, el IMPI tiene la facultad de negar los registros de marca que sean solicitados de mala fe, así como, aquellos signos que tengan elementos iguales o similares de una marca registrada o en trámite.

12.6. PRODUCTOS FALSIFICADOS EN AMAZON

¿Cuál es la Propiedad Intelectual? La Marca en global

El ecommerce ha tomado gran relevancia en los últimos años, específicamente cuando empezó la pandemia en el año 2020 tuvo un gran repunte, pues la facilidad que te lleguen los productos a casa nos brinda una vida más cómoda, se tiene conexión con diferentes tiendas en línea, servicio las 24 horas los 365 días del año, contacto con proveedores internacionales, diferentes formas de pago, entre otras.

¿Y cuál es el otro lado de la moneda con el ecommerce? Algunos de los productos que se llegan a ofrecer en estas plataformas son falsificados; esto fue lo que le ocurrió a la empresa Amazon, específicamente con la marca Chanel; este hecho, desencadeno en una demanda interpuesta por dicha marca en contra de Amazon.

Asimismo, la demanda contra Amazon tuvo una resolución en la que debían ser retirados todos aquellos productos falsificados de Chanel, por poner un ejemplo, hablamos de bolsos, estuches telefónicos y camisetas, además de pagar una compensación económica.

Cabe destacar, recientemente el gigante del comercio electrónico Amazon lanzó un programa llamado "Prueba primero, paga después" exclusivo de suscriptores "Prime", y esta modalidad consiste en probar productos como ropa, calzado y accesorios para mujeres, hombres, niños y bebés antes de comprarlos; se tiene 7 días para probar los productos y solo se cobrarán los que conserves.

¿Qué herramientas se tiene en la ley en México para estos casos?

Debe iniciarse un proceso contencioso por la mala fe que existe de parte de los proveedores, ya que es evidente la ventaja económica que se pretende aventajar por parte de ellos, un recurso que proporciona la ley es el Proceso de Declaración Administrativa de Infracción que se desprende del artículo 386 de la mencionada materia; además, se puede solicitar una Visita de Inspección, ya que en ella se podrá constatar fehacientemente el ilícito y el autor del mismo; cabe mencionar, la inspección permite que el inspector realice notificaciones y la imposición de medidas cautelares o provisionales, con esto, se robustecerá las pruebas que se acompañaran a dicha demanda.

Conclusiones

La marca y el derecho de autor son piezas fundamentales de la Propiedad Intelectual, mismas que son determinantes para un emprendedor, pues ellas son algunos de los mecanismos de protección de toda actividad inventiva.

Así bien, las marcas y los derechos de autor, dentro de sus características promueven la comercialización, venta de productos y la prestación de servicios. Consecuentemente, no solo se utilizan para distinguir productos y servicios o para identificar una empresa o una cualidad, sino para fomentar las ventas.

Asimismo, tener la exclusividad sobre una obra, invención o marca, fomenta la competencia económica y otorga la seguridad jurídica que toda persona busca cuando inicia un trámite. Es en esta obra que, se podrá tomar como referencia para conocer los procesos de protección de la marca y derechos de autor, y su importancia hoy en día.

¿Has visto el programa de televisión Shark Tank México? En él, los inversionistas le preguntan a los emprendedores si han protegido su invento o marca, y te preguntarás ¿Cuál es la razón de esa pregunta? Bueno, la razón es que los empresarios quieren saber si tienes protegida tu Propiedad Intelectual, con ello sabrán que tan comprometido estas con tu proyecto y, que tan protegido está contra terceros, pues de no estar protegido, saben que es susceptible de copia o peor aún, que alguien más lo registre a su nombre.

Finalmente, la protección tiene por objeto imposibilitar todo uso no autorizado de dichos signos, pues puede inducir a error a los consumidores, siendo menester entrar en la globalización de la Propiedad Intelectual, ya que es una fuente de ingresos, denotando en la libre competencia económica tanto en lo particular como en el país, enriquece la cultura y genera el crecimiento del PIB de cada país. No es secreto que en México se necesita una mayor difusión de los beneficios y alcances de la protección a la Propiedad Intelectual, pues debemos recordar que todo negocio y emprendimiento, está inmerso en una creación, que es susceptible de protección.

"El éxito es la suma de tus decisiones"

Referencias

Asociación Mexicana de Franquicias. (s.f.). *Objetivos de la Asociación Mexivana de Franquicias.* Obtenido de https://amfranquicias.mx/acerca-de-amf/

Diario Oficial de la Federación. (02 de marzo de 2022). *DECLARACIÓN de Protección de la Indicación Geográfica Seda de Cajonos.* Obtenido de Diario Oficial de la Federación: https://www.dof.gob.mx/nota_detalle.php?codigo=5644346&fecha=02/03/2022#gsc.tab=0

IMPI. (julio de 2022). *Procedimientos de declaración administrativa resueltos.* Obtenido de Gobierno de México: https://datos.gob.mx/busca/dataset/informacion-estadistica-de-invenciones-signos-distintivos-y-proteccion-a-la-propiedad-intelectu/resource/2b77cb6e-0b31-4232-b513-5a9d2e-02cea1

IMPI. (julio de 2022). *Solicitudes de declaración administrativa.* Obtenido de Gobierno de México: https://datos.gob.mx/busca/dataset/informacion-estadistica-de-invenciones-signos-distintivos-y-proteccion-a-la-propiedad-intelectu/resource/36d9a98f-15dc-4756-a050-dcb56c4911e5

IMPI. (18 de febrero de 2022). *TÍTULO DE REGISTRO DE ESQUEMA DE TRAZADO DE CIRCUITOS INTEGRADOS No. 14.* Obtenido de https://vidoc.impi.gob.mx/visor?usr=SIGA&texp=SI&tdoc=E&id=MX/t/2021/000010

Industrial, I. M. (06 de enero de 2021). *Instituto Mexicano de la Propiedad Industrial.* Obtenido de https://www.gob.mx/cms/uploads/attachment/file/667154/Gui_a_de_uso_esquema_de_trazados_de_circuitos_integrados.pdf

Instituto Mexicano de la Propiedad Industrial. (23 de agosto de 2018). *¿Qué es una marca de certificación?* Obtenido de Instituto Mexicano de la Propiedad Industrial: https://www.gob.mx/impi/articulos/que-es-una-marca-de-certificacion

Instituto Nacional del Derecho de Autor. (s.f.). *El Instituto.* Obtenido de Instituto Nacional del Derecho de Autor: https://www.indautor.gob.mx/el-instituto.php

Ley Aduanera. (12 de noviembre de 2021). Diario Oficial de la Federación. México: Cámara de Diputados LXV Legislatura.

Ley Federal de la Variedades Vegetales. (11 de mayo de 2022). Diario Oficial de la Federación. México, México: Camara de Diputados de H. Congreso de la Unión.

Ley Federal de Protección a la Propiedad Industrial. (1 de julio de 2020). Diario Oficial de la Federación. México, México: Camara de Diputados del H. Congreso de la Unión.

Ley Federal del Derecho de Autor. (1 de julio de 2020). Diario Oficial de la Federación. México, México: Cámara de Diputados H. Congreso de la Unión.

Oficina de Propiedad Intelectual de la Unión Europea . (2 de febrero de 2016). *Las marcas en la Unión Europea.* Obtenido de La Oficina de Propiedad Intelectual de la Unión Europea : https://euipo.europa.eu/ohimportal/es/trade-marks-in-the-european-union

Oficina de Propiedad Intelectual de la Unión Europea. (4 de marzo de 2020). *La Oficina.* Obtenido de Oficina de Propiedad Intelectual de la Unión Europea: https://euipo.europa.eu/ohimportal/es/the-office

SOMEXFON. (2017). *Inicio.* Obtenido de SOMEXFON: https://somexfon.com/

UNIÓN, C. D. (01 de julio de 2020). *LEY FEDERAL DE PROTECCIÓN A LA PROPIEDAD INDUSTRIAL.* Obtenido de LEY FEDERAL DE PROTECCIÓN A LA PROPIEDAD INDUSTRIAL: https://www.diputados.gob.mx/LeyesBiblio/pdf/LFPPI_010720.pdf

Anexo.
Formatos

ANEXO 1. CONVENIO PARA REGLAS DE USO

Convenio para Reglas de Uso

Titulares de la marca y/o aviso comercial

Nombre:____________________________________
Domicilio:__________________________________

Nombre:____________________________________
Domicilio:__________________________________

Información de la marca y/o aviso comercial

Tipo de solicitud	
Tipo de marca	
Nombre y/o imagen a proteger	
Clase	
Productos y servicios que protege	

a) Los titulares acuerdan que ___________ fungirá como representante legal para efectos del presente trámite.
b) El uso del signo distintivo será exclusivo para los titulares del mismo y/o a tercero autorizado.
c) En el supuesto, que el signo distintivo arriba mencionado, quiera licenciarse, transmitirse, franquiciarse o cancelarse, se necesitará la aprobación por escrito de ambos titulares del mismo.
d) Para efectos de limitar los productos o servicios a los que se aplica este convenio, deberá de realizarse con la aprobación de ambos titulares.
e) Cualquier modificación a lo estipulado en este convenio, una vez aprobado por todos los titulares del signo distintivo a proteger, será notificada al Instituto Mexicano de la Propiedad Industrial con las formalidades que, para tal caso sean necesarias según lo estipulado en la Ley Federal de Protección a la Propiedad Industrial y el reglamento de la Ley de la Propiedad Industrial.

De común acuerdo, se firma el presente convenio en la ciudad de _______________ el día ______ del mes _____________ del año ___________.

______________________ ______________________
(Nombre y firma) (Nombre y firma)

______________________ ______________________
TESTIGO (Nombre y firma) TESTIGO (Nombre y firma)

ANEXO 2. CONVENIO DE TRANSMISIÓN DE DERECHOS DE MARCA

Convenio de transmisión de derechos de marca

Convenio de transmisión de derechos de marca, que celebra por una parte ______(cedente), el cual cederá el 50% de la marca _______, y, por otra parte, ________________ (cesionario), al tenor de las siguientes declaraciones y cláusulas.

Declaraciones

I.- El cedente, declara ser una persona física, mayor de edad, con capacidad de goce y ejercicio, sin adeudos fiscales; declara tener el domicilio ubicado en ____, declara ser titular del registro y/o solicitud de marca ______con número de expediente ________ registro_________ misma que se encuentra vigente en México; asimismo, es deseo del **cedente**, cedes y transferir el **50%** de los derechos y obligaciones que le confiere la marca _________ al **cesionario**, en los términos y condiciones que establece el presente convenio.

II.-El cesionario, declara ser una persona física, mayor de edad, con capacidad de goce y ejercicio, sin adeudos fiscales declara tener el domicilio ubicado en ____; así bien, es su deseo adquirir el **50%** de la marca ________ propiedad del **cedente**, en los términos y condiciones establecidos en este instrumento.

III.- Ambas partes declaran: Que es su deseo celebrar y al efecto celebran el presente Convenio de Transmisión de Derechos de Marca, al tenor de las siguientes:

Cláusulas

Primera: El cedente sede y en consecuencia transmite el 50% de la marca______ todos los derechos y obligaciones que les correspondan al cesionario, teniendo así 50% el cedente y 50% el cesionario de la marca ___________, materia de este contrato.

Segunda: Acuerdan las partes que se designará como apoderado legal a _________, para fines del presente acto jurídico.

Tercero: Para la interpretación, ejecución y cumplimiento del presente instrumento, las partes convienen en sujetarse a Métodos Alternos para Solución de Controversias y someterse a la jurisdicción y competencia de los Tribunales donde se lleva a cabo la firma del presente convenio, renunciando a cualquier otro fuero que por razón de domicilio o vecindad tengan o llegaren a tener en algún futuro.

De común acuerdo, firma el presente Convenio de Transmisión de Derechos de Marca _____ en su calidad de cedente y, por otra parte, _________ en su calidad de cesionario, en la ciudad de ________________ el día ______ del mes ______________ del año ____________.

____________________	____________________
(Nombre y firma)	(Nombre y firma)
____________________	____________________
TESTIGO_(Nombre y firma)	TESTIGO (Nombre y firma)

ANEXO 3. CONVENIO DE LICENCIA DE USO DE MARCA

Convenio de Licencia de Uso de marca

Convenio de licencia de uso de la marca ______, que celebran por una parte ______(licenciante) y, por otra parte, ______________ (licenciatario), al tenor de las siguientes declaraciones y cláusulas.

Declaraciones

I.- El licenciante, declara ser una persona física, mayor de edad, con capacidad de goce y ejercicio, sin adeudos fiscales; declara tener el domicilio ubicado en ____, declara ser titular del registro y/o solicitud de marca ______con número de expediente ________ registro________ misma que se encuentra vigente en México.

II.-El licenciatario, declara ser una persona física, mayor de edad, con capacidad de goce y ejercicio, sin adeudos fiscales declara tener el domicilio ubicado en ____; así bien, es su deseo usar la marca a nombre del licenciante__________, en los términos y condiciones establecidos en este instrumento.

III.- Ambas partes declaran: Que es su deseo celebrar y al efecto celebran el presente Convenio de Licencia de Uso de la Marca________, al tenor de las siguientes:

Cláusulas

Primera: El licenciante autoriza el uso de su marca____ con número de registro y/o expediente___________ al licenciatario.

Segunda: La vigencia del presente convenio será por un periodo de 3 años con opción a renovación, mismo que iniciará al día siguiente de la fecha de firma del instrumento.

Tercero: El monto monetario por la autorización del uso de la marca ________ con número de registro y/o expediente________ será por la cantidad de ___________ pagadero al licenciante.

Cuarto: En el caso de controversias, las partes acuerdan someterse a la jurisdicción y competencia de los Tribunales donde se lleva a cabo la firma del presente convenio, renunciando a cualquier otro fuero que por razón de domicilio o vecindad tengan o llegaren a tener en algún futuro.

De común acuerdo, firma el presente Convenio de Licencia de Uso de la Marca________ en su calidad de licenciante y, por otra parte, _________ en su calidad de licenciatario, en la ciudad de _______________ el día ______ del mes ______________ del año ___________.

________________________	________________________
(Nombre y firma)	(Nombre y firma)
________________________	________________________
TESTIGO (Nombre y firma)	TESTIGO (Nombre y firma)

ANEXO 4. CONTRATO DE FRANQUICIA DE MARCA

Contrato de Franquicia de marca

Contrato de franquicia de la marca _______, que celebran por una parte ______(franquiciante) y, por otra parte, ________________ (franquiciatario), al tenor de las siguientes declaraciones y cláusulas.

Declaraciones

I.- El franquiciante, declara ser una persona física, mayor de edad, con capacidad de goce y ejercicio, sin adeudos fiscales; declara tener el domicilio ubicado en ________________, declara ser titular del registro y/o solicitud de marca ____con número de expediente ____ registro_________ misma que se encuentra vigente en México.

II.-El franquiciatario, declara ser una persona física, mayor de edad, con capacidad de goce y ejercicio, sin adeudos fiscales declara tener el domicilio ubicado en __________; así bien, es su deseo utilizar en modalidad de franquicia la marca a nombre del franquiciante _____, en los términos y condiciones establecidos en este instrumento.

III.- Ambas partes declaran: Que es su deseo celebrar y al efecto celebran el presente contrato de franquicia de la marca _______, al tenor de las siguientes:

Cláusulas

Primera: El franquiciante otorga al franquiciatario una franquicia no exclusiva, en los términos y condiciones establecidos en el presente contrato, para establecer y operar el negocio comercial________en el domicilio y/ ubicación establecida en el Anexo A, bajo los lineamientos de este instrumento.

Segunda: El presente contrato tendrá vigencia por un periodo de 2 años, mismo que iniciará a los 5 días hábiles siguientes a la fecha de su firma, teniendo opción a renovación por el mismo periodo.

Tercero: El monto monetario por la franquicia otorgada establecida en este contrato, así como el uso de la tecnología, asistencia técnica, uso de marca, uso de manuales, es el franquiciatario quien pagará al franquiciante la cantidad de ____________ de manera mensual.

Cuarto: El franquiciatario en forma mensual, dentro de los primeros 05 días de inicio de mes calendario al que corresponda, el franquiciante presentará el reporte de las ventas correspondientes a cada mes con documento impreso.

De común acuerdo, se firma el presente Contrato de Franquicia de la Marca _______ en su calidad de franquiciante _____________y, por otra parte, _________ en su calidad de franquiciatario, en la ciudad de ________________ el día _____ del mes _____________ del año ____________.

____________________	____________________
(Nombre y firma)	(Nombre y firma)
____________________	____________________
TESTIGO (Nombre y firma)	TESTIGO (Nombre y firma)

ANEXO 5. CARTA DE CONSENTIMIENTO

Carta de Consentimiento

Carta de Consentimiento para el uso y registro de la marca ____________, que celebran por una parte _________ y, por otra parte, ________________, de forma conjunta hacemos del conocimiento a esta H. Autoridad que nuestras representadas son titulares, entre otras de las solicitudes y registros de marcas que a continuación se mencionan:

Declaraciones

I.- _________________, solicitante de la marca _______ con número de expediente ___________ misma que protege la clase ______ que ampara ______________________________, con domicilio en ____.

II.- _________________, titular del registro marcario _______ con número de registro _________ misma que protege la clase ___________ que ampara ___________________dicho registro se encuentra vigente hasta la fecha ___________________________, con domicilio en ____.

Así bien, hacemos del conocimiento a esta H. Autoridad que las partes hemos llegado a un acuerdo, a través de los cuales establecimos alcances y limitantes, en cuanto al uso y registro de la marca ____________, misma que fue solicitada en fecha _____________.

Asimismo, comparecemos de forma conjunta con la finalidad de informarle que no existe ningún inconveniente por la coexistencia de las marcas ________ y _________, pues no constituye perjuicio alguno en contra de los derechos de propiedad industrial de los titulares ___________ y _____________, esto en adición al hecho de que los titulares no son competidores directos en el mercado, por tal motivo y en atención a las bases, limitantes y alcances que establecieron en el convenio por ellas celebrado en cuanto al uso y registro de la referida marca solicitada _________ bajo el número de expediente __________, reiterando que no existe semejanza entre las marcas, sin incurrir en el error o generar confusión en el público consumidor.

_________________, otorga de forma expresa su consentimiento para que el solicitante del expediente _______________ pueda usar, solicitar y obtener la marca __________ que protege la clase _____ bajo el rubro ________________________.

______________________	______________________
(Nombre y firma)	(Nombre y firma)